古事記神話は偽書でなく真書だった

矢原広喜
Yahara Hiroki

たま出版

プロローグ　黎明期の倭《やまと》民族のルーツを探して

大和民族とはどういう人々なのか。

その疑問に答えてくれたのが、ヨセフ・アイデルバーグ氏の『大和民族はユダヤ人だった』（たま出版）という一冊の本だった。同氏は、古事記神話に記されている高天原は古代イスラエルであったというのである。これは、私には衝撃だった。

彼は、ユダヤ系のウクライナ人で、京都の護王神社の神官になった人である。退職後、自らの生涯を日本の神道と日本語の起源に関する研究に捧げた。

彼の研究によると、天皇は「スメラミコト＝サマリアの陛下」という意味であり、ヘブライ語に翻訳するとそう読めるというのである。私にとっては、生まれて初めて聞くことで、大変驚いた。

そこで早速、旧約聖書を手に取り、サマリアが首都であった北イスラエル王国の歴史を読んだ。そして、北イスラエル王国第六代王オムリの時代（即位紀元前八七六年から）、サマリアという地がその国の都になっていたのを確認した。北イスラエル王国は、放蕩者のソロモン王の死後（紀元前九三一年）、エフライム族を中心とする古代イスラエルの十部族が、ユダ族、祭司レビ族、ベニヤミン族から離れ、独立してできた国家である。

しかし、北イスラエル王国の末裔の消息は、紀元前七二二年にアッシリアに滅ぼされた後、世界の歴史から忽然と消えた。彼らは、失われた十部族と呼ばれるようになった。

　厳密に言うと、北イスラエル王国の民は、ユダヤ人ではない。北イスラエル王国と南ユダ王国がどちらも滅びた後、バビロニアに捕囚として囚われていた南ユダ王国の民が、ペルシャ帝国のキュロス二世の時に、エルサレムに帰還することが許された。その帰還者たちは、第二神殿を再建する。このころから、南ユダ王国の末裔は、ユダヤ人と呼ばれるようになった（実際には、十部族の民も少なからず含まれていた）。そして現在、イスラエルの住民やアメリカ、ロシアになどに住むユダヤ人の多くは、第二神殿時代の子孫である。

　そういった意味で、大和民族がユダヤ人である、というのも、いささか語弊がある。天皇が本当に北イスラエル王国の王族の末裔ならば、大和民族は古代イスラエル人というべきであろう。ユダヤ人も失われた十部族も、もともとは古代イスラエル人には変わりがないからである。


　古事記は天皇家の歴史を綴った書で、日本人なら読むべき書物であるが、私は恥ずかしながら読んだことはなかった。天照大御神や須佐之男命は、聞いたことがあったが、彼らがどういう神か知らなかった。また、日本に初めて天孫として高天原から高千穂に降臨したのが邇邇芸《ニニギノ》命《ミコト》であり、その父は忍穂耳命《オシホノミミノミコト》だったということも初耳だった。今から十二年前のことである。それからというもの、私は古事記を読むようになった。

　古事記を読むと、もともと日本は「倭《やまと》」という国だったということに気づかされる。それが、天武天皇の時代あたりで日本という国号に変わった。最初の「日本」という言葉の使用は、日本書紀が編纂されたころであろうと思われる。それ以前は、中国の文献も、やはり日本を「倭」と呼んでいた。

古事記神話が史実に基づいていて、高天原が古代イスラエルだとすると、倭朝廷は、古代イスラエルの天孫が日本に来て天皇になったということになる。その前は、古代イスラエルから伊邪那伎命《イザナギノミコト》と伊邪那美命《イザナミノミコト》が葦原（日本）に来て、国生みと神生みをした。日本で生まれた神々は、国津神《くにつかみ》と呼ばれる神であった。だとすれば、倭民族は、中国や朝鮮半島から日本に渡来した人物たちではないことになる。

この時点で、紀元後に弥生人が日本で倭朝廷を建てたと思っていた私の日本の歴史観は、崩壊してしまった。

倭民族は、古代イスラエルから日本への移動手段として外洋船を使ったであろう。インド洋は、メソポタミアのシュメール人が紀元前二〇〇〇年ごろからインドや南アラビアなどにシュメール船で頻繁に航行する大洋であった。古代イスラエルも、紀元前一〇〇〇年頃から始まる治世、ダビデ王は、タルシシ船を所有してイスラエルからインド洋を渡って貿易を行っていた。当時、大洋を行き来する外洋船を所有できたのは王族だけだった。私は、高天原の天津神《あまつかみ》という神々や命《みこと》が古代イスラエルの王族であったと考えるようになった。

天照大御神は、伊勢神宮の内宮で祀られている。伊勢神宮の内宮は、日本の神様ではもっとも神格が高い場所である。二〇一三年には、米の座から金の座《くら》に移行する式年遷宮が行われた。

その年から二十年間は、金の座という時代に入る。内宮の社殿は新しく造られ、古い社殿からは神体が移された。

ところで、伊勢神宮には、外宮というのがあって、そこには豊受毘売神《トヨウケヒメノカミ》という別の女神が祀られている。豊受毘売神は、古事記神話では、天孫降臨前の伊邪那伎命と伊邪那美命の神話に出てくる神で、火之迦具土神《ヒノカグツチノカミ》という神から生まれ、稲荷神社では農業の神、もしくは食べ物の神として祀られている。これも私の全く知らないことであった。

なぜ伊勢神宮には、二つの女神が祀られているのだろうか。天照大御神は、天孫降臨を実現させた神であるから、伊勢神宮の内宮で祀られても不思議ではない。仮に天孫降臨がなかったとしたら、おそらく日本の天皇制は存在しなかったかもしれないからである。

では、いつごろ、どのようにして豊受毘売神は伊勢神宮で祀られるようになったのだろうか。伊勢神宮の外宮に祀られるには、天孫降臨に匹敵する何らかの功績が天皇家にもたらされたという裏づけがなければならない。

その謎を解く鍵は、伊勢の神宮外宮に納められている『止由気宮儀式帖《とゆけぐうぎしきちょう》』に記されていた。雄略天皇（在位期間四五七年〜四七九年）が伊勢の五十鈴川に来た時、天照大御神が天皇の夢の中に出てきて、「私は一人で大御饌《おおみけ》を安らかにとれないので丹波の国の比沼真奈井《ひぬまない》の御饌の神、等由気大神《トユケオオカミ》を呼び寄せなさい」と諭したと記されている。

大御饌とは、天照大御神に食事を奉る神事で、現在も朝夕の二回行われる。神饌は、御飯三盛、鰹節、魚、海草、野菜、果物、御塩、御水、御酒三献と品目が定められ、それに御箸が添えられる（伊勢神宮ホームページ　日別朝夕大御饌祭）。等由気大神とは、豊受毘売神のことである。丹波の国の比沼真奈井は、奥宮真奈井神社の地と思われる。

豊受毘売神が伊勢神宮の外宮で祀られているのは、雄略天皇の時代、米に代表される穀物等が、倭朝廷の財政を支える財源になったからである。この時代、倭朝廷は、全国にその支配をゆるぎないものにして、安定した租税を獲得していた。

水稲文化は、初め中国や朝鮮半島からの渡来人が到達する北九州地域から始まった。弥生文化の象徴である水稲は、当時主に栽培されていた陸稲より連作障害が少なく、高い生産が期待できる穀物であった。倭朝廷は、これに目をつけ、水稲産業を確固たる財源にしようとしたと考えられる。近年の研究では、弥生時代は紀元前十世紀まで遡る説が浮上し、歴史界を驚かせた（『弥生時代の開始年代』学術創成研究グループ　藤尾慎一郎・今村峯雄・西本豊弘　73Ｐ総研大文化科学研究）。この研究結果により、これまでの弥生時代の開始時期が約五百年早まった。

紀元前十世紀頃は、古代イスラエルではダビデ王・ソロモン王が黄金時代を築いた時期である。彼らは、麦、米、オリーブ、ナツメヤシなど、さまざまな穀物や豆類などを栽培し、灌漑設備も使用して、農業を営んでいた。倭民族が古代イスラエルの王族の子孫であれば、彼らが日本における黎明期の農業の担い手になったと考えるのは決して難しくない。

倭朝廷は、神武天皇の東征により、大和地方（現在の奈良県）に政府を構え、その後、崇神、垂仁、景行、応神天皇は、東西にその勢力を拡大した。仁徳天皇時代には、領土拡大の戦《いくさ》は終了し、自らの兵士たちに休息と報酬与え、労った。そして、支配された小国家には租税が課せられることとなったと考えられる。また、敗戦国の美しい妃や王女たちは朝廷の王族や貴族たちに娶られたであろう。

崇神天皇の時代に至って、中国・朝鮮から大勢の渡来人が日本に流入した。そのためか、古事記の応神天皇条には、高い大陸文化をもった秦氏や漢直氏《あやのあたえうじ》などが朝廷の役人になったという記述がある。特に秦氏は、酒造や養蚕において貢献した貴族であった。倭朝廷は、渡来人を戸籍に登録し、耕作地を割り当て、租税を徴収していく。また、征服した縄文人や弥生人の小国家には、支配した住民に水稲耕作を奨励して、租税の課税制度を拡大していった。

倭朝廷は、雄略天皇の時代までには、すでに「大和」という思想を持っていたと考えられる。大和の意味は、高天原出身の皇族や貴族と大多数の縄文民族からなる倭民族が、徐々に中国・朝鮮からの大陸型渡来系民族と融合して、日本という国が成立したということではないか。ゆえに、大和民族は、「倭」とは異なる新しい人種構成からなる日本という民族なのである。

古事記神話は、最初の国家がどういう人種で構成されたかを語っている。これまでは、古事記神話には史実性はなく、天皇家が捏造した偽書であるという説が一般的であった。

しかし、私は本書において、旧約聖書の古代イスラエルが南北に分裂し、崩壊するまでの歴史を探り、古事記神話に登場する人物や国々、そして神々を特定することにより、黎明期の倭民族のルーツを文献的に解明できたと確信している。

現在、古事記神話は偽書と考えられているが、古事記神話が史実に基づいており、紀元前十世紀から古代イスラエルの王族の一部が日本に船で移住し、天孫降臨を実現させたという真書説を本書に投じてみた。もし倭民族が古代イスラエルの王族の末裔ならば、その歴史の記憶は、我々日本人の遺伝子に刻まれていることになる。

本書が、その眠っている記憶を呼び起こす機会になればと願っている。

古事記神話は偽書でなく真書だった

目次

第一章　古事記神話は偽書か真書か

1　古代イスラエルと日本の類似点

■トーラー（モーセ五書）と虎の巻

第二次世界大戦後の一九四八年五月十四日、イスラエルが独立を宣言した。西暦六八年のディアスポラス後、新しいイスラエルは約千九百年の空白を経て誕生。長いあいだ国がなかったが、ようやく国が持てるようになった。至上の喜びが全イスラエル国民にあったことは想像に難くない。

日本は、イスラエル建国四年目の一九五二年に国交を樹立、中東で初めて国際関係を結んだ国である。それ以来、ユダヤ人は日本に自由に来ることが可能になった。

日本へ来たイスラエル人の多くは、日本に対する特別な親近感に気づく。

なかでも、ラビ・M・トケイヤー氏は、日本のユダヤ教団のラビとして一九六八年から日本に在住した十年間、日本の神道と古代イスラエルの宗教との類似点を数多く発見し、多くの著書にまとめた。彼の『聖書に隠された日本・ユダヤ封印の古代史』は、日本の神道と古代イスラエルの関係を研究する上でなくてはならない存在である。

彼は、日本在住中、神道に触れ、次のように語っている。

「日本の神社の構造や、日本神道に古くから伝わる様々な風習等は、なんと古代イスラエル宗教のものに似ているだろうかと私は思った。神社が本殿（奥殿）と拝殿に分かれていること、本殿内に偶像や彫像がおかれてないこと、手水舎があること、そのほか数多くのことが古代イスラエルの幕屋や神殿によく似ている」（『聖書に隠された日本・ユダヤ封印の古代史』ラビ・M・トケイヤー著　久保有政訳　18P　徳間書店）

また、トケイヤー氏は、日本の各地で祭りに担がれる神輿《みこし》が、契約の箱に似ていると指摘している。契約の箱の中には、アロンの杖、マナの入った壺、十戒が刻まれた石板が納められていた。出エジプトから始まり、古代イスラエル人がエリコを攻撃し、カナンの領土を勝ち取るまで、この箱はいつも民を先導し、勝利をもたらした。ダビデの時代には、エルサレムに迎え入れられ（サムエル記下6章）、ソロモン王の時代には神殿の至聖所に置かれた（列王記上8章）。

もちろんユダヤ人は、こうした類似性を日本の中に見つけて驚くのであるが、我々日本人にしても、もともと日本特有のものと思っているがそうでないものがある。それが、山伏と天狗である。トケイヤー氏は、山伏が自分たちとそっくりだと感じたそうである。

我々は普段、山伏の姿をあまり見ないが、彼らは山岳修験者として知られている。山伏が頭に着ける兜巾《ときん》は、古代イスラエル人が頭に着けていたフィラクテリーとそっくりである。また、古代イスラエルでは、祈りの時に羊の角でできたショーファールという角笛を吹いた。山伏は、ホラ貝を吹く。日本に羊がいなかったので、ホラ貝で代用したと考えられる。とても偶然とは思えない。

天狗は、鼻の高い想像上の怪人とされているが、その高い鼻は、西洋人または中東人の特徴を表現しているように思える。

天狗が手に持っている書物は、虎の巻と言われる。どんな書物かよくわからないが、これをトーラー（モーセ五書）の巻き物と解釈すれば、天狗は古代イスラエル人の祭司であると考えられる。そうしてそれが事実なら、山伏や天狗の歴史は、皇紀二七〇〇年とほぼ変わらないということになる。我々日本人の多くは、エルサレムの神殿や古代イスラエルの宗教についてはほとんど知らないから、今は滅びた古代イスラエルの宗教がどれだけ神道と似ているかは分かりにくい。

古代イスラエルが日本で隠されたこと一つとってみても、我々が知らされていないことはあまりに多い。神道にしても、天皇家にまつわる宗教であり、我々日本人のほとんどがよく分からない宗教である。

我々一般人は、地元の氏神とつながりがあるぐらいで、天皇家と深い関係にある神宮とは直接関わりがない。天皇家は雲の上の存在である。まして高天原のことは我々に伝わってこない。けれども、ユダヤ人が指摘する日本の神道と古代イスラエルの宗教との類似点に触れることにより、我々は天皇家と古代イスラエル王族の関係を理解できるのではなかろうか。

■諏訪神社とエルサレムの神聖な山モリヤ

トケイヤー氏は、諏訪神社における古代イスラエルの宗教と関わりが深い二つの神事を説明している（『聖書に隠された日本・ユダヤ封印の古代史』ラビ・M・トケイヤー著　久保有政訳132〜136P　徳間書店）。

その一つが、諏訪神社の御柱祭である。

御柱祭は、樹齢百五十年以上のモミの大木十六柱を山から里へ曳き出し、諏訪神社まで運ぶ祭りである。その大木は、諏訪神社の神殿の古い柱と取り換えられる。多数の氏子たちが、大木にまたがって里曳きするのであるが、その際に山の斜面を滑り落ちる様子は勇壮である。

古代イスラエルのエルサレムでは、ソロモン王の治世約四年目に神殿及び宮殿建設が開始された。神殿・宮殿の内装にはほとんどすべて木材が使用されたため、隣国フェニキアから樹齢何千年以上の杉の大木、いわゆるレバノン杉や糸杉が大量に輸入された。神殿の柱に使われるレバノン杉の大木が、次々とフェニキアの山地から切り出され、エルサレムに運ばれたのである。御柱祭の神事を髣髴《ほうふつ》とさせる出来事である。

また、同氏は、諏訪地方に古くから伝わる御頭祭と呼ばれる祭りを紹介している。この祭りの神事は、アブラハムが息子イサクを献げ物の生贄にしようとしたときに、天からの主の御使いが、イサクに手を下すことを止めるようアブラハムに告げ、代わりに木の茂みに角を取られている一匹の雄羊を献げ物として与えたという、旧約聖書に書かれた物語（創世記22章）とよく似ている。

御頭祭では、鹿の頭部七十五頭分が犠牲として神に奉納される。江戸時代には、少年が柱に縄で縛り付けられた後、柱ごと縁台に敷かれた筵《むしろ》の上に押し上げられ、神社の神官が藤刀を取り出しその少年めがけて振り上げた。すると別の所から使者が現れて神官の手を止め、少年が柱から解き放たれるという儀式が行われていた。実際に、神官が使っていたとされる藤刀と根曲太刀が今でも残っている。日本には羊がいなかったから、鹿で代用したのであろうか。

諏訪神社には、祭りだけでなく、もう一つ古代イスラエルと縁があると思われることがある。諏訪に聳え立つ山は、守屋山と呼ばれるが、この「守屋」は、あのエルサレムの神殿が建てられた丘の名前「モリヤ」と発音が全く同じなのである。これを知ったイスラエル人は、さぞかし驚いたであろう。しかも、単に名称が同じだけではなく、モリヤ山は、アブラハムが息子イサクを焼き尽くす献げ物の生贄にしようとした場所である。世界広しといえど、これだけ旧約聖書の出来事とよく似た神事を行っているのは日本だけである。

守屋山の山頂と山麓には、実際に守屋神社があり、この神社は蘇我氏に敗れた物部守屋の子孫が諏訪に逃げてきて建てたという言い伝えがある。守屋山の麓で古代イスラエルの宗教に関係する御頭祭や御柱祭の神事が現在でも守り続けられているのは、奈良が仏教の聖地となった代わりに、諏訪が日本の神道の聖地となったからであろうか。

■日本の神官になったヨセフ・アイデルバーグ

ウクライナ出身のユダヤ人、ヨセフ・アイデルバーグ氏は、日本がバブル経済で賑わっていた一九八〇年代に、日本に来て京都の神社の見習い神主になった。彼は、日本人は失われた十部族であると考えていたので、それを確かめるために来日したのである。アイデルバーグ氏は、京都で神職を経験し、記紀を学び、日本人と生活を伴にした。日本の生活の中で、記紀と旧約聖書の記述に多くの接点を見つけ、日本語にはヘブライ語を語源とする言葉が数多く存在することを発見した。

彼は、帰国後ヘブライ語起源と思われる日本語五百例を精選し、『The Japanese and the Last Tribes of Israel』として出版した。一九八四年には、その著書の日本語訳である『大和民族はユダヤ人だった』（中川一夫訳　たま出版）が出版された。彼の著書は、日米欧のイスラエル研究者の間では有名である。

その著書の中で、彼はヘブライ語起源の日本語をリストにまとめた。

例えば、「バレル」という言葉は、日本語では秘密などが暴露されるという意味であるが、ヘブライ語と発音も意味も同じである。この言葉は、漢語が語源となっていない。他にも、「ダベル」は「話をする」、「ミツ」は「果汁」という意味である。一般にミツといえば我々は蜂蜜を思い出すが、本来、蜜はリンゴの甘いところを指し、ヘブライ語と同じである。「ヘビァ」は蛇で、発音がほとんど同じ。「ミ・ガドー」は、帝である。これは天皇を意味する。また、日本語の侍は、ヘブライ語のシャムライ（守る人）から来ているとしている。確かに、侍はもともと天皇家の警護役であった。

アイデルバーグ氏のリストの中には、一見類似性があまり認められないものもある。しかし、彼はヘブライ語の言葉の意味と同じ日本語の言葉が、ヘブライ語の音の変化によって類似性を認識できないだけで、類似性の法則を見出すことによって、二つの言葉の類似性を見つけ出すことを可能にした。例えば、「カーカ」はヘブライ語では土地を意味する。この言葉にはRの音が入っているが、日本語ではRが抜け、我々が使っている国家という言葉になっていると同氏は主張している。

また、秋田県に伝わる「能代船方節」は、「ヤサ・ホー・エーサー」で始まる有名な民謡であるが、我々日本人にはその意味は分からない。この歌詞は、同氏が発見した規則を使って翻訳すると、「我は船出する。おーい、船出するぞ」という意味になるらしい。これは、日本の民謡はヘブライ語として聞くと意味が通る歌詞になるということを示している。この見解は、いつの時代か分からないが、かなり昔日本人がヘブライ語を使っていた可能性を示すものである。

我々日本人の話す言葉に、ヘブライ語から来た言語が多数存在するのは驚きであるが、それと同時に、漢語が大陸から伝播していない上古には、日本人はヘブライ語を話していた可能性を示す根拠にもなりうる。そして、高天原が古代イスラエルであって天孫が日本に移住し天皇となり、神道を通じて日本で天孫の母国語であったヘブライ語が使われていたことを仄めかしている。

さらに彼は、日本書紀と古事記神代の神話中に、古代イスラエルと関係する事項を見つけ、彼の著書『日本書紀と日本語のユダヤ起源』（ヨセフ・アイデルバーグ著　久保有政訳　44〜58Ｐ　徳間書店）にまとめている。

たとえば、数字について、昔から「ひい、ふう、みい、よお、いつ、むう、なな、や、ここの、とう」という数えかたをしていた。これは、意味的に何を表しているのか、我々には分からない。しかし、アイデルバーグ氏は、ヘブライ語で読むと、「誰がその美しいかた（女神）を出すのでしょう。彼女に出ていただくために、いかなる言葉をかけたらいいのでしょう」と言う意味になるとしている。

加えて同氏は、古事記神話のなかに、古代イスラエルの習慣や言葉が含まれていることを指摘した。例えば、古代イスラエルでは、結婚式で、花嫁が立っている花婿の周りを回る習慣がある。イザナギ命とイザナミ命の神話では、イザナギ命は、神聖な柱の周りを回ってイザナミ命と出会い、結婚しようと言う。そして二柱はその柱を回った後、「あなにやし」と言う。アイデルバーグ氏によると、「あなにやし」はヘブライ語・アラム語（ヘブライ語の兄弟言語）で「私は結婚する」という意味になるそうである。つまり、古事記神話には、古代イスラエルの宗教と関係していると思える表現が存在するということである。

古事記においては、天皇は「スメラミコト」と読まれていた。この言葉の意味は、我々日本人には分からない。しかし、これをヘブライ語で読むと「サマリアの陛下」と解釈できる。陛下とは、皇帝、天皇または国王の敬称である。サマリアはかつて北イスラエル王国の首都であった。それゆえ、同氏は、日本の天皇家は、サマリアの王族の子孫ではないかと考えたのである。

■天皇家と古代イスラエルの王族との関係

久保有政氏は、ヨセフ・アイデルバーグ氏の『日本書紀と日本語のユダヤ起源』、トケイヤー氏の『聖書に隠された日本・ユダヤ封印の古代史』、さらにはノーマン・マクラウド氏の著書『日本古代史の縮図』（後述）などの翻訳を手がけた、日本の日ユ同祖論の第一人者である。同氏は、キリスト教の牧師であり、日本の歴史に造詣が深く、イスラエルの著名人との交流活動も盛んに行っている。また、多くの興味深い古代イスラエル人と日本人との関係を著している。

その中の一つが、割礼と菊花十六紋章についての記述である（『日本とユダヤ　運命の遺伝子』久保有政著　２１０〜２１２Ｐ、２４５〜２４６Ｐ　学研）。

ユダヤ人が他の異教徒と明確に区別される習慣は、割礼である。割礼とは、生後八日後に男性赤ちゃんの性器の包皮を切り取る儀式のことで、この儀式を受けたか受けなかったで、イエス・キリストの時代も、その前も、ユダヤ人かそうでないかの判断の基準になっていた。今もそうである。

驚くべきことに、その割礼の習慣が日本の皇室にあり、現在、割礼は皇太子だけに限られているということを久保氏は元宮内庁職員から聞いて、自らの著書に記している。これが事実ならば、皇室は、古代イスラエル人もしくはユダヤ人となる。

また、久保氏は、菊花十六紋章についても取り上げている。この紋章は、古代オリエント諸国の王族の紋章であった。最も古いのは、世界最古の文明を築いたシュメール王朝の王族が使用していたもので、今は亡きイラクのサダム・フセイン大統領の腕輪に施されたデザインも菊花十六紋章である。また、エルサレムのヘロデの門の上部には、小さな花を描いたレリーフがある。これも菊花十六紋章そっくりの形をしている。

古代エジプトでは、第二十一王朝(紀元前一〇六九年~紀元前九四五年)のプセンネス一世の墓に納められた美しい黄金の皿は、菊花十六紋章の形をしており、その皿の中心にも菊花十六紋章が施されている。余談であるが、プセンネス一世の息子シアメン王は、娘をソロモンに与えたといわれている。

他にも、南ユダ王国を滅ぼした新バビロニア王国のネブカドネザル二世が建設したイシュタルの門がある。その門には、ライオンや想像上の獣が描かれており、門の下部には横一列に並んだ菊花十六紋章が見られる。

以上のように、日本の皇室の紋章は、古代オリエント諸国の王族が、異なる時代で異なる国で使われていたものと同じである。そうすると、天孫が北イスラエル王国の王族や南ユダ王国の王族であっても何ら不思議ではない。

2　天皇家のルーツにおける三つの説

■ノーマン・マクラウドの真書説

日本は、明治維新以降、明治天皇を国の首長とし、富国強兵・殖産興業のスローガンを掲げ、西洋の文化を積極的に受け入れ始めた。イギリス、フランス、スペイン、ドイツ、ロシア、アメリカなどから大勢の外国人が来日した。そして、明治政府の建物は西洋の建築様式で建てられ、日本各地に、キリスト教教会やキリスト教に基づいた理念を掲げた学校がいくつも建てられた。

男性はズボンを穿き、丁髷《ちょんまげ》はなくなった。女性はドレスを身に纏い、日傘をさすようになった。また、西洋人のように、牛肉を食べるようになった。そのような時代に、商人としてスコットランドからノーマン・マクラウド氏は日本にやってきた。

マクラウド氏は、一八七二年の京都博覧会に出席した際、そこで偶然見た天皇家の容姿が、彼がヨーロッパで見たユダヤ人大富豪とそっくりだったことに驚いた。それから彼は、京都を旅して、日本の祇園祭とソロモンの時代に行われていたシオン祭りの類似点、塩をまく習慣、正月行事と過ぎ越しの祭りの行事、相撲をする習慣などを目の当たりにした。これを機に、彼は当時の日本の神社や神道儀式の中にダビデやソロモンの時代の風習と共通する事柄を数多く見つけ出していった。そして、多くが古代イスラエルのものと類似、あるいはそのままそっくりの場合も少なくないことを知ったのである。

旅の途中、日本人でイギリス人貴族やユダヤ人大富豪の容姿に似ている人々の似顔絵、神社や祭りの風景を絵師に描かせた。帰国後、彼は日本で発見した古代イスラエルの宗教と日本の神道にある共通点を『古代日本史の縮図』にまとめ、英語で出版した。そしてその二年後、日本に滞在していたときに絵師に描かせた絵を『挿し絵集』として出版した。彼の著書は欧米で評判になり、今日の日ユ同祖論と言われる学説の基礎を築いたのである。

マクラウド氏は、天皇家がユダヤ人であると考えていたようである（『日本古代史の縮図』ノーマン・マクラウド著　172〜173P　徳間書店）。ユダヤ人が日本に来て天皇になったと――。彼は、正勝吾勝勝速日天忍穂耳命（まさかつあかつかちはやひあめのおしほみみのみこと、以下オシホミミ命）を「OSEE」と訳し、その名が北イスラエル王国最後の王ホセア（HOSHEA）であると考えた。そうすると、高天原が北イスラエル王国ということになり、「天皇（スメラミコト）」＝サマリアの王」という解釈に合致する。

北イスラエル王国は、紀元前七二二年にアッシリアのサルゴン二世により滅ぼされ、ホセアを含め、三万人近くの民がペルシャに連行された。彼らの後の消息は、旧約聖書にも何ら記されていない。マクラウド氏は、天孫はホセアの子孫だと考えていた。

天邇岐志国邇岐志天津日高日子番能邇邇芸命（あめにきしくににきしあまつひこひこほのににぎのみこと、以下ニニギ命）は、オシホミミ命の息子である。ニニギ命は、天孫降臨により高天原から葦原（日本）に移住した初代天孫であった。名前が非常に長いことも、天皇家にとって格別重要な人物だったことを暗示している。

ニニギ命から四代目の神倭伊波礼毘古命（かむやまといはれびこのみこと、以下神武天皇）の誕生年を紀元前七一一年とすると、ニニギ命の子、天津日高日子穂穂手見命（あまつひこひこほほでみのみこと、以下ホホデミ命）と、その孫の天津日高日子波限建鵜草葺不合命（あまつひこひこなぎさたけうかやふきあへずのみこと、以下フキアヘズ命）の世代はわずか十一年となる。

彼の説は、年代的に無理があるのではないかと思われるが、天皇家が古代イスラエルの王族の末裔であるということを初めて主張したことは、日本の天皇家が世界で最も長く続いた王朝であるという根拠になり、その後の日ユ同祖論者に大きな影響を与えた。

古事記神話が史実に基づいているのであれば、天皇家とユダヤ人の容姿の類似点から、天皇家とユダヤ人に血のつながりがあるのではないかと考えるのは不思議ではない。また、日本に古代イスラエルの風習や習慣が残っており、神社の造りや儀式にまで深く類似点が及んでいることを鑑みると、やはり古代イスラエルの王族が日本に来て天皇制を敷いたと考えるのが自然である。この考えは、日ユ同祖論を支持する重要な根拠となっている。

■小谷部全一郎氏の真書説

エール大学大学院で哲学博士号を取得した神学者の小谷部全一郎氏（一八六八年～一九四一年）は、日本人がイスラエルの十二部族のガド族であるという説を提唱した。同氏も、天皇が

「スメラミコト＝サマリアの王」という古事記の記述に着目した。

ガド族には七人の息子がおり、その中にゼポンという人がいた（創世記46章）。「ゼポン」は、ヘブライ語で読むとニッポンと読めることに着眼したのである。小谷氏は、北イスラエル王国第七代王アハブの時代に、預言者エリヤがバアル教の祭司を抹殺した後、日本人の先祖はエリヤに率いられて地中海からメソポタミア、中国、朝鮮を渡り、日本に移住したと考えた。旧約聖書においては、アハブとその父オムリが十部族のいずれの出身であるかについての記述が見当たらないが、我々の先祖はガド族とマナセ族だったという説を唱えた。

古事記神話の天孫降臨の時期は、神武天皇即位年より二百年以上前の北イスラエル王国アハブ王の時代と推測した。

「ときは紀元前八百九十六年（おそらく、「ときは紀元前八百六十九年」が正しいと思われる。北イスラエル王国第七代王アハブがサマリアで即位したのは、紀元前八六九年だからである）で、神武天皇即位紀元前二三六年の頃に相当する。その経路は、西アジアの聖地、ヨルダン湖畔とガドとマナセ族の領域を基点として東進し、ペルシャ、アフガニスタン等を経てチベットに入り、そこで二隊に分かれた。一隊はさらに東進を続け、北朝鮮を経由、遂に日本に達してここに留まった。他の一隊は南進して、シャム（タイ）に入り、しばらくこの地に留まっていたが、次第に中国南部を経由して琉球（沖縄）に至り、さらに東進して九州に達したものと考えられる」（『日本人のルーツはユダヤ人だ』小谷部全一郎著　１３９Ｐ　たま出版）

彼の説は、「スメラミコト＝サマリアの王」の意味に合致する。高天原についてはマクラウド氏と同じ説である。ただ、高天原はアルメニアのタガーマ州ハラで、この地名にあてた漢字が「高天原」であると主張した。北イスラエル王国とアルメニアは地理的にかなり離れており、高天原がアルメニアである解釈には無理があると思われる。それに、北イスラエル王国はダビデの血統を守った国ではなかったから、北イスラエル王国の王族が日本に来て、南ユダ王国の伝統と同じ男系天皇の制度を新たに採用して定着させたとは考え難い。また、小谷部氏は、須佐之男命（すさのおのみこと、以下スサノオ命）についてはペルシャ王という解釈をしているが、天照大御神（あまてらすおおみかみ、以下アマテラス）については何ら解釈がない。しかしながら、スメラミコトから天孫降臨の時代を推測し、皇室が北イスラエル王国のアハブの王族と同祖であることを初めて主張した日ユ同祖論者であった。

■川守田英二氏の真書説

川守田英二氏（一八九一年〜一九六一年）は、天孫はイザヤの子孫であると考えていた。「紀元前七一二年『聖根』と称する預言者イザヤの残余者（レムナント）の一群は、途中道草を食わず真直ぐに朝鮮半島を経て天降ったとせねばならぬ」と、自らの著書において大胆な主張をした（『日本の中のユダヤ』川守田英二著　中島靖侃編　331〜370P　たま出版）。

川守田氏の言うレムナントの一群とは、はたしてどのような人物だったのであろうか。同氏は、南ユダ第十三代国王ヒゼキヤとイザヤの長女との間に生まれた子を、イザヤ書に記された「イマヌエル」とした。また、イザヤの長女はアマテラスとし、スサノオ命は、イザヤの次男とした。

イザヤ自身も含め、レムナントの一群は、イザヤの家族と天孫降臨に同伴した祭司、神官、預言者、王者、武人、大工、鍛冶師、農民、狩人、芸人などからなる旅装集団で、馬、車、籠、ロバ、ラクダに乗り、エルサレムから「契約の箱」の神輿を携えてユーラシア大陸を横断し、朝鮮半島から船で日本の高千穂にたどり着いた古事記神話の「天孫」であると説いた。

古事記神話においては、アマテラス自身が天孫降臨に随伴した記載はなく、アマテラスとスサノオ命の激しい対立を説明するのが難しいという点が彼の説にはあるが、天孫が古代イスラエルから陸路を通って日本に移住し、神武天皇が南ユダ王国の王族イザヤの末裔であることを示している点は注目すべきである。というのも、天孫が南ユダ王国の出身であることが正しいとすれば、天孫が男系天皇にこだわる理由がはっきりするし、ダビデ家の紋章が日本で使用され、菊花十六紋が皇室の紋章であることも納得がいくからである。

3　失われた十部族の謎

■失われた十部族は日本に来ていた

アイデルバーグ氏は、失われた十部族が日本に来たことを確かめるために来日したが、トケイヤー氏もまた、ハイデルバーグ氏同様、失われたイスラエルの十部族に高い関心を持っていた。日本と関わりのあるユダヤ人の中には、日本人が失われたイスラエルの十部族の末裔であると考えている人は多い。

アイデルバーグ氏の著書『日本書紀と日本語のユダヤ起源』の四章には、十部族の移動経路などについて詳しい説明がある。失われた十部族とは、エフライム族、マナセ族、ガド族、ルベン族、イッサカル族、ダン族、ゼブルン族、シメオン族、ナフタリ族、アシェル族で、エルサレムの北部に領土を得た北イスラエル王国の部族である。南ユダ王国は、ダビデ王・ソロモン王を輩出したユダ族のほか、サウルを輩出したベニヤミン族と祭司族のレビ族を含んでいた。

十部族がユダ族から離れたのは、ソロモンの死後、その息子レハブアム王の時代であった。旧約聖書は、分離の原因について、ソロモンの息子レハブアムが十部族に重い税と労役を課したことにあると示している。

北イスラエル王国は、王が十九代続いた後、紀元前七二二年にアッシリアに滅ぼされた。その後、三万人以上の北イスラエルの民はアッシリアに強制連行された。彼らの多くは、王族、高官、役人だったと言う。中には、ギリシャ、エジプトなどに逃亡した者もいた。アッシリアに強制連行された十部族の消息について、残念ながら旧約聖書には記述がない。

ローマ時代に活躍したユダヤ人歴史家ヨセフスは、「イスラエルの十部族はユーフラテスのかなたにおり、数え切れないほど膨大な民衆となっている」（古代史　第11巻5章2節）と、失われた十部族について興味深い記録を残している。ヨセフスの記述からは、イスラエルの十部族がかなり東（アジア）に向かって移住し、子孫を増やしたということが分かる。

ヨセフスが生きた時代は、西暦三七年から百年である。当時は、中国からローマまでのシルクロードがすでに確立されていた。おそらく、ユーラシア大陸の東のヘラ（カラフ）やハボル（カイバー）にいた失われた十部族の末裔が、シルクロードの商人として活躍し、ヨーロッパから来た商人達に彼らの先祖の話をしたかもしれない。逆に、十部族出身の商人達が、ヨーロッパに赴いて彼らの先祖の話を伝えたかもしれない。いずれにせよ、ローマでは、十部族の消息についての情報があったのは間違いなさそうである。

問題は、十部族は、いつごろ移住を始め、ユーフラテスのどれくらい彼方か、東へ行ったかである。ヨセフスの記述では、それは分からない。

失われた十部族の足跡は、ヨセフスとほぼ同じ時代に書かれたと考えられているエズラ第2書にも記されている。

「それからあなたは、平和な一団を集める者を見た。彼らは（イスラエルの）ホセア王の時代に捕囚とされた十部族である。

かつてアッシリアのシャルマナサル王（サルゴン二世の前王で、サマリアを三年間包囲した）は、ホセアを捕虜とし、また十部族を川（ユーフラテス）の向こうの異国に移した。しかし十部族は、異教徒の住むその地から離れ、誰も住んだことのない遠い地へ行くことを決意した。かつて自国で守れなかった律法を、その地で守ろうとしたのである。彼ら（失われた十部族）がユーフラテスのほとりの細道に来たとき、至高者は奇跡を行われた。彼らが川を渡り終えるまで、川の源を止めたのだ。アルザレトと呼ばれる地域を通ったその旅は、一年半の長きに及んだ。以来、その国を通過してから一年半という長い道のりが待っていた」（エズラ第2書

13章39～47節）

ユーフラテスから一年半という長い道のりが待っていたとは、どの程度東に位置する地なのであろうか。一年半は、五百四十七日である。イラクから日本の距離はおよそ八千四百キロメートルであるので、一日十五キロメートル以上移動しなければならない距離になる。その距離は、一年半以内に日本に到達しうる距離であるが、雨や雪の日も歩くとなると過酷な旅だったに違いない。

アイデルバーグ氏は、アルザルトをヘブル語の「エレッ・アヘレト＝もう一つの土地」と解釈した。具体的には、アフガニスタンのハザラジャットであると考えていた。他に、アルザルトをアフガニスタンの「エレッ・アヘリト＝果ての地または最も遠い地」と訳する学者も少なくない。アジアで最も遠い地は日本であるため、彼らはそう考えたのである。（『聖書に隠された日本・ユダヤ封印の古代史』ラビ・M・トケイヤー著　久保有政訳　107P　徳間書店）。

筆者は、どちらの訳も日本を指しているのではないかと思っている。イザヤ書24章にも「地の果て」という「最も遠い地」に似た言葉が出てくるが、同じ意味なのではなかろうか。ユーラシア大陸を最も東に行くと、必然的に日本にたどり着く。

古事記応神天皇条によると、秦氏が渡来したことが記されているが、彼らが日本に来たのは四世紀以降と考えられるので、時代的にはエズラ第2書の記述に沿っている。また、彼らは養蚕に長けていたことから、シルクロードを渡ってきて、「エレッ・アヘレト」という地を通過した民だったと考えられる。

■失われた十部族と思われる秦氏

第十五代応神天皇（在位期間西暦二七〇年から三一二年・推定）の時代には、中国・朝鮮からの渡来人について以下のような古事記の記述がある。

「そこで勅を受けて献った人の名はワニキシという。そしてただちに「論語」十巻と「千字文」一巻と、合わせて十一巻をこの人に託してすぐに献上した。このワニキシは文首《ふみのおびと》等の先祖である。また技術者の韓国系鍛冶師の名は卓素という人で、呉国系の機織女の西素の二人を献上した。また秦造の先祖や漢直の先祖、および酒を醸す技術を心得ている人で、名はニホという人、亦の名をススコリという人たちが渡来した」（『古事記（中）全訳注』次田真幸訳 225～226P 講談社学術文庫）。

この時代には、鍛冶師、機織女、酒造人などの産業に関わる渡来人が、官吏や貴族の地位に採用されたことに気づかされる。さらに朝廷は、文筆を専門とする文首も迎え入れていた。

日本書紀によると、雄略天皇は、秦氏に命じて分散していた秦氏の民を秦造酒に与えた。秦酒公は、多くの村主を率いるようになり、朝廷に絹・縑（かとりと呼ばれる上質の絹）を献上した。また、天皇は、桑の栽培に適した国に桑を植えさせて、秦氏の民を移住させ、そこから庸調が上がるようにさせた（『日本書紀（上）全現代語訳』宇治谷孟訳 308P 講談社学術文庫）。秦氏は、シルクロードから来た渡来人で、絹の生産技術に長けていた。絹は当時貴重な農産物であり、養蚕が豊受毘売神の神実《かむざね》（実態）と一つになっているのも、秦氏など渡来人の活躍を重視したためであろう。

トケイヤー氏によれば、佐伯好郎氏は、秦氏はユダヤ人景教徒であったと考えていた（『聖書に隠された日本・ユダヤ封印の古代史』ラビ・M・トケイヤー著　久保有政訳　244〜293P　徳間書店）。先述したが、秦氏は、絹の生産に欠かせない養蚕に秀でており、太秦と呼ばれるほど大量の絹を朝廷に献上していた。

佐伯氏は、太秦の読みの「うずまさ」は、アラム語では「イシュ・マシャ」と言い、「イエス・メシア」という意味であると考えた。秦氏は、失われた十部族と思われる古代イスラエルの習慣を持っていたが、あるときキリスト教に改宗した集団だったという。

秦氏は、広隆寺も建立した。江戸時代の儒学者太田錦城は、広隆寺は仏教の寺ではなく景教の寺だと思っていたそうである。

秦氏の子孫の家紋は、船の形をしたものが多かった。これは、イスラエルの十部族の中のゼブルン族の家紋と似ている。つまり、彼らのルーツは北イスラエルにあると思われるのである。

手島郁郎氏は、秦氏一族は、秦の始皇帝の時代に万里の長城の築城を命じられたが、苦役に耐えられず、満州を経て朝鮮半島から日本に移住したと考えた。秦氏は、もともと弓月国からシルクロードを経て、長い年月をかけて中国、朝鮮と移動しながら日本に渡ってきたと考えられる。

このように、秦氏は、古代イスラエルの宗教、景教、仏教、神道と様々な宗教を信仰した。これは、彼らが様々な国に移住し、その国の宗教を信仰せざるを得ない状況下に置かれていたからであろう。

秦氏が失われた十部族の末裔だとすると、彼らは応神天皇の時代に日本にやって来たということになる。応神天皇の先祖は、古事記によれば、神武天皇であり、天孫の末裔である。オシホミミ命の子ニニギ命が、北イスラエル王国が滅びる前（紀元前七二二年）に、北イスラエル王国か、または南ユダ王国の王族の一部である五伴緒《いつとものお》（天児屋命《アメノコヤネノミコト》、布刀玉命《フトダマノミコト》、天宇受売命《アメノウズメノミコト》、伊斯許理度売命《イシコリドメノミコト》、玉祖命《タマノオヤノミコト》）を連れて高千穂に降臨したのであれば、秦氏は、日本で同祖に約千年ぶりに再会をしたということになるのである。

■ラビ・エリヤフ・アビハイル氏の活動

イスラエルには、世界中に散らばったイスラエルの十部族を探す調査機関がある。アミシャブと呼ばれ、この機関は一九七五年、ラビ・エリヤフ・アビハイル氏によって設立された。その後、インド、ミャンマー、タイ、中国、ヨーロッパ、南米、そして日本で十部族の末裔を数多く探し出した（『もう隠しようがない日本人が知って検証していくべきこの国「深奥」の重大な歴史』　久保有政編　163~207P　ヒカルランド）。

例えば、インド北東部からミャンマーの国境付近に住んでいるシンルン族は、自らをマナセ族とエフライム族の末裔だと主張している。彼らは、キリスト教やユダヤ教に触れる機会がなかったにもかかわらず、聖書の内容をよく知っていた。

シンルン族には、ル・シという姓を持った人が多い。この姓は「十部族」を意味する。彼らは、かつては割礼も行っていたし、レビラー婚の習慣もあった。レビラー婚とは、未亡人が亡夫の未婚の兄弟と結婚し、長男に亡き父の名前を継がせることである。かつて日本にもレビラト婚があった。

アミシャーブは、一九九一年までに六十人をイスラエルに移住させた。現在では、シンルン族からの帰還者は千人を超えている。

また、この調査機関は、失われた十部族に限らず、失われた他の部族も調査し、イスラエルへの帰還を促している。

エチオピアのファラシャは、ソロモン王とシバの女王の間に生まれた子孫であると言われている。彼らも、自らを「ベド・イスラエル（イスラエルの家）」と呼び、旧約聖書を信奉していた。一九七三年には、スファラディ系のチーフ・ラビが、ファラシャをユダヤ人と認定した。その後、エチオピアに大飢饉が発生したため、イスラエル政府は、ファラシャをエチオピアから救出した。現在は五万人以上がイスラエルに住んでいる（『ユダヤ教の本』１７８〜１７９Ｐ　学研）。

日本もアミシャーブの調査対象となっている。それは、日本の神社が古代イスラエルの神殿の構造と似ており、そこで行われる儀式がレビ族の行っていた儀式と類似点が多いからである。本書でもすでに多くの類似点を紹介してきたので割愛させていただくが、なかでも最も重要な類似点の一つが、日本の神社は、ユダヤの神殿と同じで、誰でも入ることのできる場所（境内）、神官のみが入れる場所（拝殿）、高位の神官のみが入れる場所（本殿）の三つの構造になっていることである。この類似性については、他国には見られないもので、天皇家と古代イスラエルの王族の関係を示す有力な手がかりとアミシャーブは見ているようだ。日本人も何人かすでにイスラエルに移住しており、米国ニュージャージー州モンマス大学でセム語及び旧約聖書の研究をしていたアブラハム小辻氏（一八九九年〜一九七三年）のように、エルサレムの地に埋葬された人もいる。

アミシャブが十部族を世界中から探す目的は、失われた十部族や失われた他の部族全員をイスラエルに帰還させることではない。しかし、これらの部族の何人かがイスラエルへ帰還することは重要だと考えている。それは、聖書のエレミヤ書3章18節に、

「その日には、ユダの家はイスラエルの家と一緒となり、北の地から出て、わたしがあなたの先祖たちに嗣業として与えた地に共に戻る」

というエレミヤの預言があるからである。

メシア来臨が近づいたとき、北イスラエル王国の民と南ユダ王国の民がエルサレムの地に戻ってくるという。これが「世界の贖い」の始まりであると、ラビ・エリヤフ・アビハイル氏は考えていた。

4　古事記神話は偽書として取り扱われている

■天武天皇の古事記編纂の意図は無視されている

古事記は、七一二年（和銅五年）に太安万侶によって編纂を完了した後、第四十三代元明天

皇（在位期間西暦七〇七年から七一五年）に献上された。天武天皇崩御後二十五年後のことである。元明天皇は天智天皇の娘で、天武天皇と持統天皇の間に生まれた草壁王子に嫁いだ女帝である。

古事記は、序・上・中・下巻から構成され、上巻には、天地の初めから火遠理命条が収められ、イザナギ命・イザナミ命の神話や天孫降臨の神話などが生き生きと描かれている。中巻には、神武天皇から応神天皇までの系譜や物語が、下巻には、仁徳天皇から推古天皇までの歴史が綴られている。古事記序においては、天武天皇が古事記編纂をするに至った意図や安万侶が古事記の先行記述文献から古事記撰録をする際の苦悩が語られている。

古事記序において、天皇は、古事記編纂を行った理由を次のように述べている。

「私の聞くところによれば、諸家に伝わっている帝紀及び本辞には真実と違い、あるいは、虚偽を加えたものがはなはだ多いとのことである。そうだとすると、ただいまこの時に、その誤りを改めておかないと、今後幾年も経たないうちに、その正しい趣旨は失われてしまうに違いない。そもそも帝紀と本辞は国家組織の原理を示すものであり、天皇政治の基本となるものである。それ故、正しい帝紀を撰んで記し、旧辞をよく検討して、偽りを削除し、正しいものを定めて、後世に伝えようと思う」（『古事記（上）全訳注』次田真幸訳　23～24P　講談社学術文庫）

帝紀とは、天皇の御名、皇居の場所、皇后、皇子、皇女の家系図を天皇ごとにまとめた書物である。本辞とは、神話、伝説、物語及び歌を天皇ごとにまとめたものである。帝紀と本辞が

代々の天皇の事績

代	天皇	政治的事項	在位期間
1	神武天皇	初代天皇　東征	前660年－前582年
12	景行天皇	ヤマトタケルノ命の活躍	71年－130年
15	応神天皇	神功皇后　渡来人受け入れ	270年－312年
16	仁徳天皇	仁徳天皇陵の建設	313年－399年
21	雄略天皇	豊受気毘売神を伊勢神宮で奉る	457年－479年
33	推古天皇	聖徳太子が摂政となり、仏教を広める	592年－628年
38	天智天皇	中大兄皇子　藤原鎌足没（669年）	668年－672年
39	弘文天皇	大海人皇子に自害に追い込まれる	672年
40	天武天皇	記紀の編纂決意　神聖政治　神仏習合	673年－686年
41	持統天皇	式年遷宮の実施	690年－697年
43	元明天皇	太安万侶が古事記（上）（中）（下）を完成	700年－715年

分かれば、歴代の天皇の歴史が分かるようになっている。

古事記の帝紀は『帝皇の日継』が、また本辞は『先代の旧辞』が基になって作成された。残念ながら、これら古事記の先行文献は現存しない。

天武天皇は、諸家に伝わっている帝紀及び本辞には真実と違い、あるいは、虚偽を加えたものがはなはだ多いことを知っていた。誤りのある歴史書を編纂することは、天皇としてすべきことではないのが当然であり、誤りを取り除いた歴史を後世に伝えるために、古事記を安万侶に編纂させたのである。

しかし、残念なことに古事記の序を含め古事記神話から仁徳天皇までは、天皇家が捏造した史実に基づかない神話であるという説が、現在の通説である。これがいわゆる古事記偽書説である。近年は、古事記の研究が進み、少なくとも崇神天皇以降は史実に基づくと考える学者もいるが、アマテラスやスサノオ命、そしてイザナギ命・イザナミ命が登場する古事記神話は、依然、史実ではないと考えられている。

それゆえ、日本の歴史教科書のほとんどは、神武天皇から仁徳天皇前の天皇家の物語については触れていない。どの義務教育の教科書も縄文時代と弥生時代の後、紀元三世紀の邪馬台国の歴史、四世紀の大和朝廷と続き、神武天皇の東征、ヤマトタケルの出雲・熊襲・蝦夷討伐、神功皇后の三韓征伐の物語を取り上げていないのが実情である。

古事記の原本は現存しない。いくつかの写本が残っており、信瑜《しんゆ》の弟子の賢瑜による写本が、真福寺（岐阜県羽島市）に収蔵されている。日本書紀においても、写本は残っているが原本は存在しない。原本がないわけだから、写本には偽り文が入っているのではないかと疑う余地はあるが、これらの写本が原本と全く異なる内容であるという証拠は見当たらない。このことから、写本が原本のコピーであるとして扱う以外にないように思われる。

一般に偽書とは、書物の内容に史実と異なることが記載されているだけでなく、作者や編纂者が実際の者ではないとか、作成された時代が遅れているとかがはっきりしている書物のことである。古事記偽書説は、つきつめれば古事記の成立や古事記全体が偽書というわけではなく、古事記の序、古事記神話から応神天皇までが偽書ではないかということである。いってみれば古事記神話が偽書とされるため、古事記全体が偽書ということになるわけである。

そこで本書では、古事記偽書説を古事記神話偽書説と呼ぶことにする。また、古事記神話が史実に基づいているとする説を、便宜上、古事記神話真書説と呼ぶことにする。

■古事記が偽書であるという根拠

では、なぜ古事記が偽書であるとされているのであろうか。

その根拠の一つは、古事記の成立についての記述が続日本紀にないことが挙げられる。日本書紀の成立については記述が続日本紀にあるのに、である。

日本書紀は、天武天皇の皇子である舎人親王らの撰で、古事記が完成した八年後の七二〇年に元正天皇に献上された。古事記は物語性が強いが、日本書紀は編年体で記され、「一書に曰く」という異伝を多く含んでいる。天武天皇がなぜ古事記と日本書紀の編纂を並行させたかは、定かではない。

古事記上巻には、多くのスサノオ命の神話が撰録されている。日本書紀に比べてスサノオ系の神話が大幅に追加されていることから考えると、古事記編纂者は、スサノオ命を尊重したようである。

日本書紀に至っては、八岐大蛇《ヤマタノオロチ》と大己貴神《オホナムチノカミ》と少彦名命《スクナビコナノミコト》の二つの神話のみであり、あまりにも差がありすぎるのではないかと思われる。舎人親王が、日本書紀においてスサノオ神話と大国主神神話を大幅に削減したのはなぜなのか、その意図は明らかにされていない。出雲系の神話には、天皇家の秘密が含まれているのであろうか。

他にも、古事記偽書説の根拠は数多くある。例えば、古事記の序が偽書だ、神武天皇と崇神天皇は同じ天皇だった、神武天皇は実在したが即位年が間違っている、欠史八代の天皇は実在しない、王朝が変わるたびに史実に基づいていない箇所が挿入された、など、様々である。

このように、記紀に不可解な点や謎が多いため、古事記が偽書であると判断されるのも当然かもしれない。

なかでも決定的な偽書とされる理由は、高天原がどこか、高天原の太子であったオシホミミ命が誰かが分からない点である。

アマテラスとスサノオは姉弟であるが、彼らが誰なのか分からない以上、天武天皇が正しい歴史書を記したと古事記の序で主張しても、古事記神話が史実に基づいているとはいえないのである。そうなると、高天原、オシホミミ命、アマテラス、スサノオ命などほとんどすべてが天皇家による捏造でないかという説が浮上するのも致し方がない。

本当に古事記神話は、古事記神話偽書説を唱える研究者や学者が主張するように、史実とは無関係で、天皇の都合の良いように書かれた書物なのであろうか。

古事記の編纂者である太安万侶の墓が近年発見され、彼が実在の人物であることが分かってきた。また、天武天皇の存在を否定する証拠も見当たらない。古事記の編纂は、実際はもっと後だったとか、写本の古事記の記載はでたらめで別の神話があるなどといった、古事記が偽書であるという決定的な根拠はない。そういった意味で、古事記神話偽書説が真実であるとは決して言えないのである。

5　津田左右吉《つだそうきち》氏の偽書説とその問題点

■津田左右吉事件

津田左右吉氏は、古事記神話は偽書であると断言した歴史家である。彼の主張は、第二次世界大戦中であったため、天皇の尊厳を冒瀆するとして裁判にかけられた。判決は、『古事記及び日本書紀の研究』『神代史の研究』『日本上代史研究』『上代日本の社会及思想』の発売禁止（一九四〇年）と、禁固三か月及び執行猶予二年（一九四二年）だった。また、当時の政府の圧力により、早稲田大学教授職の辞職も余儀なくされた。

津田氏は、『神代史の研究』の中で、古事記神話について以下の批判をした。

「神代の物語を一々事実に引きなおして解釈することが行われている。海神《わだつみ》の宮の話があると、それはどこかの地方的勢力、または海中の島国のことであると考える。八股蛇の物語があると、それは賊軍を征服せられたことだという。あるいは黄泉国という名が出ると、それは出雲国のことだと説く。あるいはまた、八咫烏が皇軍の道しるべをしたとあると、その八咫烏は人の名であると解釈する。伊弉諾・伊弉冉二神が大八島を生まれたという話は、政治的に日本国を統治せられたことだという。要するに、神々の物語は悉く歴史的事実たる人間の行為であって、畢竟《ひっきょう》、神は人であるというのである。

しかし神代巻の本文を読むと、そんなことは少しも書いていない。天照大神は高天原にいられるとある。神々が高天原へ上ったり高天原から下ったりせられるとある。けれども、日本人種・日本民族が海外の故郷から日本に移住したとか、その故郷へ往来したとかいうようなことは何処にも書いていない。出雲の地方に別種の民族がいたとは何処にも記していない。出雲の神の話はあるが、出雲の地方に別種の民族がいたとはどこにも記していない。あるいはまた、海の底の海神の宮の話はあるが、それが海上の島国であるとは何処にも書いていない。本文を読めば八股蛇はどこまでも蛇であり、八咫烏はどこまでも鳥であって、少しも人間らしい様子はない。然るに世間で上に述べたような解釈をしているのは甚だ不思議の至りである。これは何故であろうか」（『津田左右吉歴史論集』津田左右吉著　62～65P　岩波文庫）。

と、古事記神話の史実性を完全に否定した。

津田氏を不敬罪に追い込んだのは、蓑田胸喜や三井甲之《こうし》であった。蓑田と三井は、いずれも東京帝国大学出身の反共産主義で右翼思想家である。彼らは、明治天皇が神武天皇から約二千六百年も続いた日本の天皇として君臨し、世界においても英国の女王と肩を並べるほどの地位にあって、日本が強敵ロシアを倒し、満州を支配し、アジアの共栄を図る強国であることを誇りにしていたであろう。

その明治天皇の孫に当たる昭和天皇の時代にあって、神武天皇以前の古事記神話が偽書であるという津田の考え方に、国の教育機関の中枢として位置づけられている東京帝国大学国文科卒業生が黙っているはずがなかった。戦中は、津田氏に限らず、天皇批判をしたものは、必ず弾圧される時代だったのである。

日本は、一九四五年八月十五日に敗戦国となった。米国民主党政権のGHQの占領下に置かれ、GHQは天皇推進の右翼派が再び支配力を得ることがないよう、厳しい態度で日本の改革を始めた。日本国憲法においては、天皇は現人神でなく日本の象徴となり、行政裁判所が終審として裁判をすることが禁じられ、政教分離が明確にされた。

皇国史観は国内外から批判を浴びた。皇国史観に反対した津田左右吉氏の古事記偽書説は、戦後学会に熱烈に受け入れられた。古事記神話は偽書として取り扱われ始め、古事記神話とその周辺についての歴史は義務教育の対象からはずされることになったのである。

■津田氏の『神代史の研究法』が受け入れられた本当の理由

津田氏の神代史の研究法は、漢籍では理解できない古事記神話を日本の歴史から除外することであった。彼の研究の目的は、古事記神話の天孫降臨がなかったとし、アマテラスが皇祖神であることを否定し、神武天皇の存在を否定することであった。彼の古事記神話偽書説は、当時日本が日中戦争を引き起こし、右翼が皇国史観を掲げ、大きな戦争に突入しようとしたことに対する抗議のためだったとしか思えない。

しかし、よく考えてみると、日本が戦争に負けたからといって、上古の歴史が変わるわけではない。初代天皇の誕生がいつだったかはともかく、太平洋戦争よりずっと昔にあったのであり、敗戦が理由でそれが覆ることはない。けれども、敗戦と共に受けた無条件降伏があり、GHQの政策で日本が再び戦争をすることがないようにするための策として古事記偽書説が受け入れられたと言っても間違いではないであろう。

津田氏は右翼に命を狙われる危険がありながら、皇国史観を批判し続けた。古事記神話が偽書であると主張することで、戦争を止めさそうとしたのである。確かに勇気ある行為である。そういう意味では、彼の古事記神話の批判は大きな意義がある。

しかしながら、彼の古事記神話偽書説は、古事記神話を理解するという学術的な理由で受け入れられたのではなく、戦後の天皇批判に乗っかって政治的な理由で受け入れられたに過ぎない。

彼の神代史の研究方法の問題点は、それが皇国史観を批判するためのもので、古事記神話がなぜ偽書なのかを証明する史料を東洋文化圏に限定していることにある。また、神道は、仏教に先んじて日本にもたらされたのは分かっているが、それを認めたくないという精神が彼の著作論文には溢れており、西洋の神話研究の手法を危険だと主張し、古事記神話を個人の感情的理由で古事記から排除しようとしているところにも問題がある。

■聖書考古学をもとに神話を研究することを否定した津田氏

津田氏の考えは、古事記神話には歴史が存在せず、古事記において中国正史の史料や考古学的資料に基づかないものは偽物とすることだろう。彼は、神話というものがあることは認めるが、それと実際の歴史とは異なると主張している。それゆえ、彼は考古学から神話と史実の関係を知ろうとする聖書考古学には反対であった。

「世にお伽噺というものがある。猿や兎がものをいったり桃から子供が生まれたりする。事実としてあるべからざる虚偽の談である。それは愚人小児の喜ぶところであっても、大人君子の見て陋《ろう》とするところのものである。然るに崇厳なる神典にはかかる荒唐不稽の談のあることを許さぬ」(『津田左右吉歴史論集』津田左右吉著　65Ｐ　岩波文庫)

と言う。彼は、古事記には嘘が書いてある、子供騙しの神話なぞ天皇の歴史にあってはならないと考えた。

また、「日本史上代の研究に関する二、三の傾向について」と題する論文において、彼は以下の主張をした。

「ただ従来の西人の研究に成る仮説を、漫然、日本の上代に適用するのが危険であるということだけは、断言しておかねばならぬ」(『津田左右吉歴史論集』津田左右吉著　１３２Ｐ　岩波文庫)

「西人の研究に成る仮説」とは、古代文明の神話には史実に基づいているものがあり、考古学研究方法によって神話を解明することができるという説である。津田氏は、欧米の聖書考古学的手法を使って古事記神話を理解しようとするのは危険であると主張し、神話が何らかの史実を示していると考えること、つまり、神代の物語を一々事実に引きなおして解釈することが全く不合理であると痛烈に批判し、古事記神話は、高天原から天孫が葦原に天降りする歴史的事実でないと強く否定した。

津田氏の著書『神代史の研究』が発表された一九二〇年代は、すでにシュリーマンが『ホメロス』や『イリアス』の神話物語を信じ、トロイの遺跡を発見していた時期と重なる。また、エジプト学、アッシリア学やウガリット学が進み、エジプト文字、楔形文字、ウガリット文字が解読され、聖書考古学が花開いた時期でもある。数々の発掘調査の結果、南ユダ王国の初代王レハブアム、第六代王アハズヤ、北イスラエル王国第八代王ヨラム、第十代王イエフなどが実在したと考えられるようになり、旧約聖書の史実性が確認され始めた時代であった。

津田氏の言う「然るに世間で上に述べたような解釈をしているのは甚だ不思議の至りである」とは、まさしくノーマン・マクラウド氏、小谷部一郎氏、川守田英二氏などの主張する日ユ同祖論の出版物のことである。

古事記神話の時代は、教育もほとんどない状態で、言葉を書き残すことができるのは王族に限られていた。当時の大人は幼稚園か小学校程度の教育からそのまま成人になっていた。天武天皇時代や現代の教育レベルと比較するのが間違いであるとどうして考えられないのだろうか。

津田氏は、西洋人の古代ギリシャや古代エジプトなどの考古学的成功を否定する一方で、支那学を溺愛しており、当時の若い学者が支那に尊敬される歴史学者になることを熱烈に主張している。彼の考えは、あまりにも中華思想的であり、西洋の考古学を夷として頭ごなしに排除しているところが多い。彼の古事記神話偽書説は、鎖国政策の延長であるともいえよう。

彼の唱えた古事記神話偽書説は、反天皇制的で感情的な要素が強く、文献的に中国の歴史のみに傾注し、西洋的考古学や聖書考古学の排除を目的するものであるという印象を強く受ける。

津田氏のように、欧米のものは良くないという差別的考えは、現在では通用しないであろう。

いまでは、聖書考古学的資料とそれに関連する旧約聖書などの文献的資料を使って古事記神話を解釈してはいけないという規制などないからである。

古事記は、古事記神話を含めて、天皇政治について書かれたものであるはずだ。上古時代の人々の思想・感情の表現方法が、比喩として古事記神話に表わされていることを読み解き、どのような天皇政治が行われたかを解明することが肝要ではないかと思う。

■漢籍にこだわった津田氏

日本の神道と古代イスラエルの宗教との類似点から、日本の天皇は、古代イスラエルの王族の末裔ではないかという仮説（日ユ同祖論）が十分成り立つとすでに述べた。高天原が古代イスラエルである可能性があるなら、古事記神話の一次史料は「漢籍」ではなく、旧約聖書になると考えられる。

鎖国政策があった江戸時代なら、古事記の研究を旧約聖書によって解釈することは死罪に値することだった。しかし、現在は、古事記神話の解釈をする上で一次史料を旧約聖書としても投獄されることはない。津田氏の古事記神話に対する思想は、鎖国政策下のものをそのまま延長しただけである。

「人種や民族の問題でなくとも、神代の巻に歴史的事実があるかどうかを考えるには、全然その物語の外に立って、それに毫末の関係なく、あるいは確実なる史料（支那の史籍がその重要なる役目をつとめる）により、あるいは後世の事実から確実に推定せられる事柄により、またあるいは純粋なる考古学上の研究の助けを借りて、それを試みねばならぬ。初めから神は人なりというような臆見成心を有っていて、それによって神代の物語を改作したり、その物語と遺跡と遺物との間に曖昧な妥協的結合を試みたりするのは、決して科学的の研究ということは出来ぬ」（『津田左右吉歴史論集』津田左右吉著　72～73Ｐ　岩波文庫）

津田氏は、ある意味、古事記神話を理解するための史料として漢籍以外の史料を含ませるかのように言っているが、西洋の考古学研究を古事記神話の解釈に適用することを嫌っており、旧約聖書をその史料の中に入れる考えはなかった。そして、新井白石の「神は人なり」という古事記神話の解釈も拒絶した。さらには、本居宣長の「漢意を排除せよ」という言葉も排除したのである。

「高天原はどこまでも天であり、神はどこまでも島を生まれたのであり、……草木《くさき》がものをいうならばどこまでも草木がものをいうのである。……神は神であって人ではなく、神代は神代であって人の代ではない」（『津田左右吉歴史論集』津田左右吉著　73～74Ｐ　岩波文庫）と、古事記神話には天孫に関係する史実性がないと断言した。神話とは自然界・人間界の現象を神の意として説明するものであるという定義があるが（『新選国語辞典』金田一京助、佐伯梅友、大石初太郎編　小学館）、それを全く理解しようとしなかった。

■古事記神話の一次史料は「漢籍」か

津田氏の言う「漢籍」とは、漢文で書かれた中国の書物であり、儒教の経書や史記をはじめとする中国二十四史が主なものである。そのなかで、倭に関する最も古い記録は、『漢書』の地理誌にある。この書物は、中国後漢の章帝の時に班固、班昭らにより西暦一世紀に著された。

その記録の主旨は、「九夷（倭）の性質は天性が柔順である。中国の近くの三方向の蛮族とは違う。それで孔子は、中国では道徳が受け入れられないから、もし海に出るなら九夷に行きたいと思った。楽浪海中に倭人の国があり、百余りの国に分かれていた。そして定期的に朝貢してきた」というものである（ウィキペディア　倭・倭人関連の中国文献）。

孔子（紀元前五五二〜紀元前四七九）が倭人の国に行きたいという記述は、『論語』の公治長第五と子罕第九にも書かれている。『漢書』の著者が、『論語』の九夷にかかる内容を引用したのであろう。

孔子が、楽浪海（日本海）中にある九夷には天性が柔順である倭人がいるということを認識していたことは確かなようだ。孔子が生きていた時代は、日本書紀の年代が正しいとすると、神武天皇が崩御した後である。「天性が柔順」とは、倭朝廷の天皇制と神道のことを言っているのであろうか。しかし、これらの「漢籍」からは、天孫または神武天皇についての系譜や政治事績など確かな情報は何も得られない。

また、倭国が百余りの国に分かれていたことに関しても、東征が行われた神武天皇の時代で、まだ倭朝廷が周辺の蝦夷《えみし》、熊襲《くまそ》、土蜘蛛《つちぐも》などの小国を支配する前の倭国の状態を表していると思われるが、小国の名前も小国間の勢力図なども記されていない。

他に、『山海経《せんがいきょう》』（春秋戦国時代から漢時代に付加執筆された地理誌）に、「倭は、春秋戦国時代の燕に属している」という記録がある。これは、たんに倭国がどの辺りにあるかという地理的な記録に過ぎない。

また、『論衡《ろんこう》』（中国後漢時代の王充（二七年～一世紀末頃）著）にも、倭についての短い記述がある。

「周の成王（紀元前一〇四三～紀元前一〇二〇・推定）の時、越裳《えつしょう》は雉を献じ、倭人は暢草《ちょうそう》を貢いだ」

越裳は、中国南部にいた民族の名称で、越国の民であり、また、暢草は、酒に和して祭祀儀式に使った草である。この記述は、たんに越国の民が雉を成王に献上し、倭人が暢草を携えて朝貢したという内容で、倭人の国がどういう国かの記録は全くない。

このように、「漢籍」自体、紀元前十世紀から紀元後三世紀の倭国については、その歴史が実に乏しい。天皇についての記述は、皆無といっても過言ではない。これは、周王朝、秦王朝、漢王朝などが、積極的に倭国に赴いて、どのような国なのかを調査していないからであろう。

津田氏は、先述したように『津田左右吉歴史論集』において、

「神代の巻に歴史的事実があるかどうかを考えるには、全然その物語の外に立って、それに毫末の関係なく、あるいは確実なる史料（支那の史籍がその重要なる役目をつとめる）により、あるいは後世の事実から確実に推定せられる事柄により、またあるいは純粋なる考古学上の研究の助けを借りて、それを試みねばならぬ」

と、古事記神話が史実に基づいているか否かの判断をするためには、「支那の史籍」が重要

な役目をする確実なる史料だと主張している。

しかし、「支那の史籍」つまり「漢籍」は、神武天皇やそれ以前の天孫の歴史、そして高天原や根の国などの歴史が全く記されていないのであるから、古事記神話が歴史的事実に基づいた史料であるかどうかの判断はできないのではないだろうか。

津田氏のように、無理に「漢籍」を重要な確実な史料として古事記神話を解釈すると、古事記神話が理解できなくなり、史実に基づいているという判断は決してしない。そのため、古事記神話はおとぎ話であると結論づけるほかなく、結局、古事記神話が偽書であるという判断をしてしまうのである。

6　古事記神話を読み解く一次史料は旧約聖書である

■古事記神話に存在する旧約聖書的表現

津田氏が引用したアマテラス神話に出てくる「草木《くさき》がものをいう」という「草木」という表現は、実は旧約聖書や新約聖書に存在する。「草」は、神の御霊を持たず、情欲に溺れる人の意味で、神ヤハウェを信仰しない古代イスラエル人を指す（イザヤ書40章5～8節）。そして「木」は、木製の偶像を信仰する人の意味で、バアル教を信仰する古代イスラエル人やフェニキア人を指す（イザヤ書44章15～20節）。「草木」という表現は、イザヤ書の記載であるから、紀元前八世紀以前にあったと思われる。おそらく、ソロモン王の時代には広く民衆が使っていたであろう。

従って、「草木がものをいう」という語句は、天御中主之神や皇祖神の信仰を放棄した国津神と出雲のスサノオ命の末裔のことを指している。出雲のスサノオ命の末裔は、「木」である。イザナギ命・イザナミ命の領地から抜け出し、出雲の大国主神側に阿《おもね》った国津神が大勢いたのであろう。このような出雲に脱走した国津神は、「草」である。「草木がものをいう」は、出雲に終結した反アマテラスの民が、アマテラス側の民の悪口をいろいろと言うことである。

また、二神の誓約《うけひ》生みの神話は、アマテラスがスサノオから十拳剣《とつかのけん》を受け取って、これを三つに折り、玉の緒がゆれて玉が音を立てるほど、天《あめ》の真名井《まない》の水に振り濯《そそ》いで、これを嚙みに嚙んで砕き、吐き出す霧の中から多紀理毘売命《タキリビメノミコト》など三柱の命が成り出でるという物語である。ここの「天の真名井」という言葉は旧約聖書から来ていると思われる。

「真名」は、古代イスラエルの民が荒野で彷徨《さまよ》い、食べ物がなくなった時に空から降ってきた「マナ」というコーンフレークに似た食べ物を指すと思われる（出エジプト16章13〜36節）。そして「井」は、地下からの湧き水が出る井戸で、これも荒野で水がなかった時にモーセが杖で叩いたところから水が湧きだしたという話に関係していると思われる（出エジプト17章1〜7節）。そうすると、「天の真名井」は、古代イスラエルの神ヤハウェが、ヘブライ人を救うために天から与えられた大切な恵み（食糧と水）の井戸という意味になる。

以上のように、古事記神話には、旧約聖書で使われている言葉を引用したところやヘブライ人のみに意味があるところが数多くあるが、旧約聖書の知識がなければ全く気づかない。加えて、先述したが、日ユ同祖論者が指摘した古代イスラエルの宗教と日本の神道の類似点や、とくにアイデルバーグ氏が主張した古事記神話の中に見られるヘブライ語を語源とする言葉の数々を考慮すると、古事記神話に限っては、解釈する文献資料は「漢籍」ではなく、旧約聖書でなければならないであろう。

津田左右吉氏に代表される古事記神話偽書説者と、日本の日ユ同祖論者の古事記神話真書説者における大きな思想の違いは、明らかに旧約聖書を史料とみなしているかどうかの違いである。「漢籍」に頼って古事記神話を解釈し、結局偽書と判断した津田氏の偽書説は、古事記神話の解釈を中国の文献資料のみに限定しているので、オシホミミ命からおおよそ雄略天皇までは偽書扱いしているのである。

「漢籍」が古事記神話を解釈できないのは、それが適切な一次史料ではないからという可能性が十分にある。言い換えれば、正しい一次史料を使って古事記神話を解釈すれば、古事記神話を解読することができるということである。

ところが、津田氏は、旧約聖書という西洋の書籍を使用して古事記神話を解釈することを危険であると主張して、決して認めなかった。本来、日本人が旧約聖書を読んで古事記神話の解読を試みても、なんら危険は伴わないはずである。しかるに、津田氏は危険だと考えた。それはなぜか。筆者は、津田氏が危険と考えていたことは、むしろ知られざる天皇家のルーツで真実なのではないかと思っている。

オムリ王朝アハブの系譜

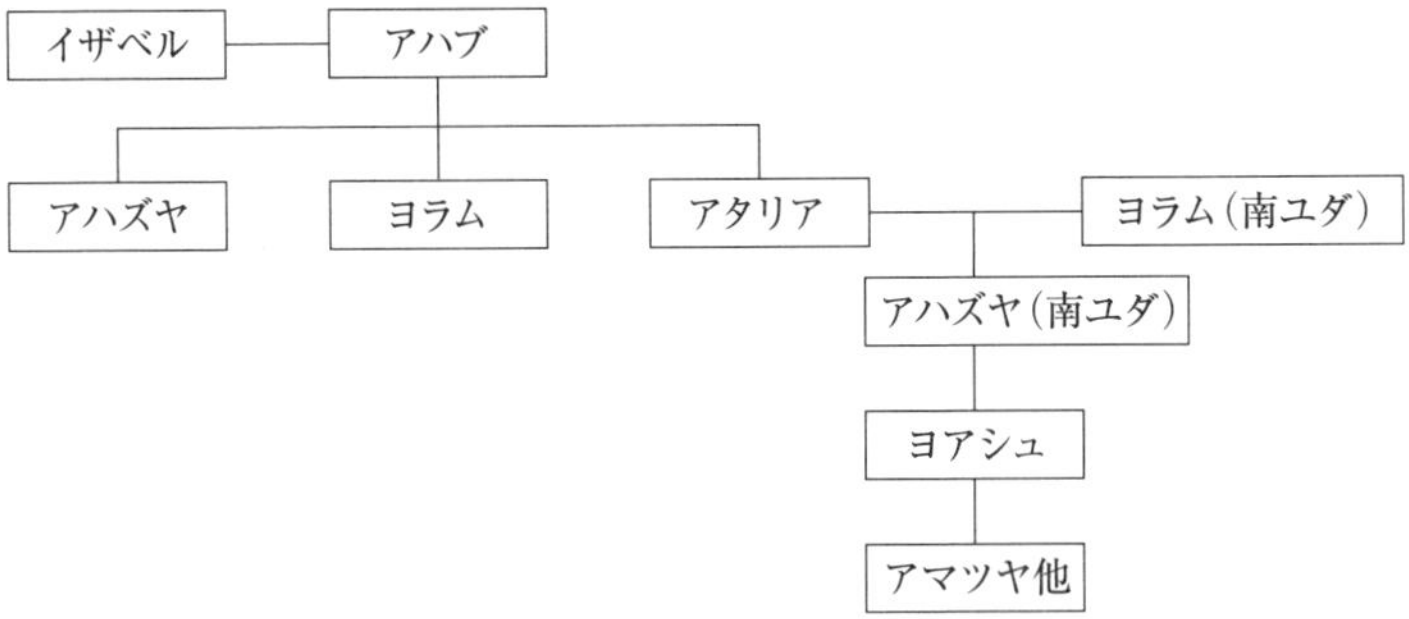

■高天原はやはり古代イスラエルなのか

我々日本人にとって、旧約聖書はあまりなじみのない書物である。戦後、古事記の内容も、義務教育機関で十分教えられていないせいで、多くの日本人はよく知らない。古事記神話は、神話形式で記されているため、解釈が難解であるから余計である。旧約聖書の内容を知らなければ、高天原が古代イスラエルであると聞いてもピンとこない。古代イスラエル自体に縁がないからである。

旧約聖書が古事記神話を解読する上での一次史料ならば、それを読みこんでいけば、古代イスラエルの王族の誰が、アマテラス、スサノオ命、オシホミミ命として記されているかが分かるであろう。そして、古事記神話が、古代イスラエルの歴史事項をなぞらえていると十分確認できれば、古事記神話が史実に基づいていると言えるのではなかろうか。

筆者は、まず高天原が「古代イスラエル」であり、オシホミミ命が高天原の太子、すなわち「古代イスラエルの王子」であると仮説を立て、そこから古事記神話の新しい解釈の取り組みを開始することにした。古代イスラエルの時代の範囲は、ダビデ王の即位年前一〇〇〇年から始まって、南ユダ王国が滅びる前五八八年まで拡大した。この期間にオシホミミ命に該当する王がいるのではないかと考えたのである。

日本の天皇制は世襲制である。しかも、その世襲制は、天孫の時代から受け継がれている伝統である。北イスラエル王国の王族は、ユダ族を心よく思っていなかったので、王族は世襲制を貫かなかった。また、宗教もアハブの時代からバアル教が国の宗教になっていた。それゆえ、日本の天皇が、北イスラエル王国の子孫であるという説には、抵抗がある。むしろ、川守田氏のように、南ユダ王国の王族から天孫が本家から分離し、日本に移住することによって、日本の天皇制が維持されたと考えるほうが無理がないように思える。

旧約聖書のオムリ王朝を読むと、アハブ王の時代から南ユダ王国と同盟を結んでいたことが分かる。サマリアの王アハブの娘アタリアが、エルサレムの王ヨシャファテの息子ヨラムと結婚することによってその同盟関係が成立したのである。オシホミミ命は、南北同盟時代に生まれた北の血を引く南ユダ王国の王子だった可能性も十分にある。

第二章　古事記神話は旧約聖書で読める

1　スメラミコトが古事記神話を読み解く鍵である

■高天原の太子オシホミミ命は誰か

古事記神話を読んでも、アマテラスやオシホミミ命がいたと思われる肝心の高天原がどこか分からない。また、スサノオ命の亡き母の国である根の国がどこかも分からない。そして、これら神々と命《みこと》が実在していないのなら、古事記神話が史実に基づいていないことになる。

日本書紀には神武天皇即位年が紀元前六六〇年であると記されているが、その即位年は虚偽であると判断されている。ほんとうに、古事記神話に綴られた物語は、全くのでたらめなのか。

仮に天武天皇の古事記序の御言葉が正しいなら、ニニギ命は紀元前六六〇年よりかなり前に日本に移住したことになる。また、オシホミミ命は、高天原の太子であったので、高天原がどこの国が分かれば、天孫がいつ頃の時代にどこの国から葦原に移住したのかが分かる。

天武天皇は、自らを天皇《スメラミコト》と言わしめた。古事記神話に記された天皇は、スメラミコトを漢語（中国語）に訳した言葉である。スメラミコト自体、日本語では意味を成さない。ところが、これをヘブライ語の言葉として日本語に訳すと、先述したように「サマリアの王」という意味になる。

サマリアという言葉は、我々日本人にとってなじみが薄い。それは、聖書に幾度となく出てくる、かつて存在した北イスラエル王国の首都の名前で、今のパレスチナである。もし、天皇家がサマリアの王の子孫であるなら、天孫は、北イスラエル王国の王の誰かになる。なぜなら、サマリアという地域に王が君臨した時代は、北イスラエル王国以外にないからである。

ソロモン王の死後、ソロモンの部下ヤロブアム一世がイスラエル十部族を束ね、北イスラエル王国の王になった。彼は、首都をシェケムに置いた。その後、首都がペヌエル、次にテルツアに移転された。この間、王が部下に暗殺される事態が何度も繰り返された。

第六代王オムリが王になると、首都をティルツァからサマリアに移した（紀元前八七六年）。ここからサマリアの王の歴史が始まることになる。サマリアは、国が滅びる紀元前七二二年まで首都であった。従って、サマリアの王の時代は、実質約百五十年の期間しかない。

北イスラエル崩壊後、サマリアはアッシリアに支配された。その後は、南ユダ王国とほぼ同じ運命をたどる。ペルシャ帝国、アレクサンダー大王、プトレマイオス王朝エジプト、セレウコス王朝シリア、ローマ帝国に支配され、以降もサマリアが独立国家の首都になることはなかった。

南北分裂後の領土

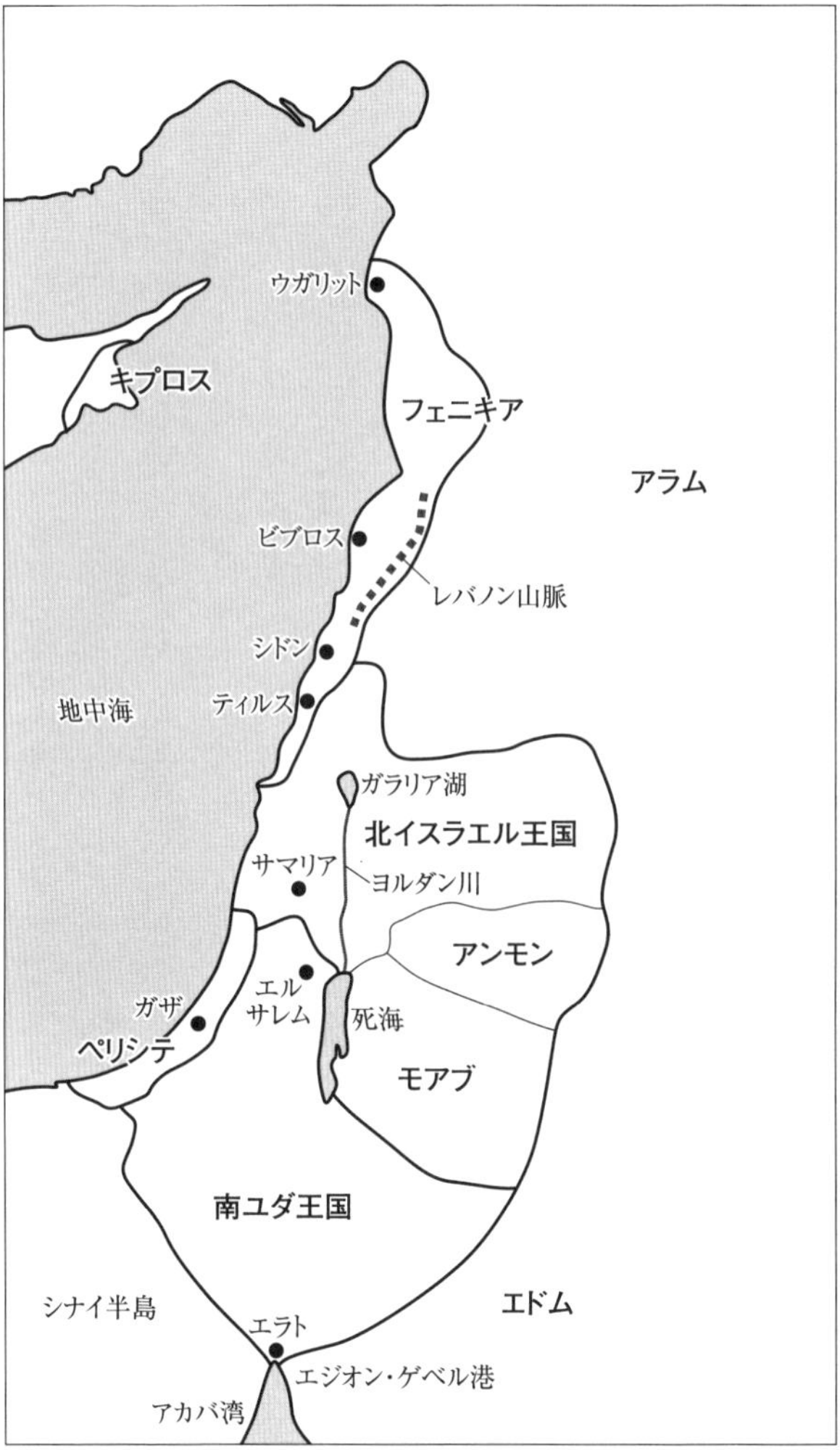
ウガリット
キプロス
フェニキア
アラム
ビブロス
レバノン山脈
シドン
ティルス
地中海
ガラリア湖
北イスラエル王国
サマリア
ヨルダン川
アンモン
エルサレム
ガザ
死海
ペリシテ
モアブ
南ユダ王国
シナイ半島
エドム
エラト
エジオン・ゲベル港
アカバ湾

以上のことから、サマリアの王は、北イスラエル王国の時代以外には存在しないと考えられる。だから、天孫降臨は、紀元前八七六年から七二二年の出来事になるという仮説が立てられる。古事記神話の天孫降臨神話は、神武天皇の生誕年である紀元前七一一年以前の出来事であるから、矛盾はない。

天皇が「サマリアの王」の子孫であるなら、高天原は、当然北イスラエル王国になる。ところが、高天原は、南ユダ王国の可能性もある。なぜなら、先述したが、南ユダ王国第四代王ヨシャファトから第八代王ヨアシュの治世に至って、北イスラエル王国と南ユダ王国が同盟を結ぶからである。北イスラエル王国は、南ユダ王国と同盟関係を結ぶ以前に、隣国フェニキアの海洋都市国家シドンと同盟を結んでいた。厳密にいえば、フェニキアのシドン、北イスラエル王国、南ユダ王国の三国同盟の時代があった。

サマリアが北イスラエル王国の首都であった期間の北イスラエル王国と南ユダ王国の王の歴史は、列王記（列王記上16章から列王記下20章）と歴代誌（歴代誌下17章から32章）に書かれている。その歴史書から、古事記神話とつながる接点をできるだけ探せば、古事記神話にそれらを当てはめることができる。そして、古事記神話に綴られた神話が何を意味するのかが分かり、古事記神話が読めることになる。天武天皇と古事記編纂者は、古事記神話を理解する鍵を「スメラミコト」の中に残していたのではないだろうか。

■オシホミミ命は実在したのか

先述したように、オシホミミ命は、高天原の太子であった。太子ということは、次に国王になる王子であったことを意味する。残念ながら、オシホミミ命の父の詳しい記述は古事記神話には見当たらない。日本書紀神代では、アマテラスと高木神のいずれもが、オシホミミ命の親であることを記している（『日本書紀（上）全現代語訳』宇治谷孟訳　講談社学術文庫）。しかし、二柱の誓約生みの神話で、アマテラスはスサノオ命に勝利し、オシホミミ命を含む五柱の王子を自分の命《みこと》とするという記述はあるが、父が誰かを特定する記述は古事記神話のどこにもない。また、高木神（日本書紀では高皇産霊尊）がオシホミミ命の父であるという記述もない。高木神は、オシホミミ命に自分の娘である万幡豊秋津師比売命（よろずはたとよあきつしひめのみこと、以下トヨアキツシヒメ命）を娶らせたのである。

オシホミミ命の父は、何かしらの理由ですでに死亡していたと考えられる。父が存在していたなら、オシホミミ命の結婚相手は、高天原の王である父が決めたはずである。それを高木神が、自分の娘をオシホミミ命に娶らせるのであるから、高木神はオシホミミ命の父代わり、つまり外戚だったと考えられる。ニニギ命は、高木神の孫であり、アマテラスの孫でもある。そうすると、高木神とアマテラスは夫婦なのかという疑問が浮かんでくるが、それは後ほど詳しく解説する。

スサノオ命とアマテラスは、姉弟の関係にあるが、仲が悪かった。スサノオ命の亡き母の国は、根の国だから、二人は異母姉弟ということになる。高天原と根の国は、人種も宗教も異なっていた可能性がある。

まとめると、オシホミミ命の特徴は、
①オシホミミ命にアマテラスと高木神のような太子を助ける父以外の者（摂政）がいたこと、
②若くして妻を娶ったこと、
③アマテラスとスサノオ命が姉弟の関係にあり、両者は仲が悪かったこと、また、スサノオ命の亡き母の国が根の国であること、
④高天原を脱出して葦原に移住しなければならない何らかの理由があったこと、
以上が挙げられる。

北イスラエル王国または南ユダ王国の歴史の中で、以上の①から④の内容に合致した王子を探し当てれば、オシホミミ命が誰か特定できる。

はたして、オシホミミ命は実在したのであろうか。実在したとしたら、いったい、どの王の太子に当たるのだろうか。

■オシホミミ命の候補の絞り込み

北イスラエル王国の王は、初代のヤロブアム一世から最後のホシェアまで十九代あった。初代からオムリまでの六代を除いても十三代いた。

一方、南ユダは、オムリ王朝以降は、十七代が存在した。これら全ての王について調べるのは手間がかかりすぎるので、ある程度絞り込むために、オシホミミ命の生誕年の上限と下限を

推定することにした。

最初に、日本書紀の神武天皇の条によると、神武天皇の即位した年が辛酉の年であることから、歴代天皇在位年数を計算すると紀元前六六〇年となる。即位時、同天皇は五十歳であったので、神武天皇の生誕年は紀元前七一一年であることが分かる。

神武天皇の父は、フキアエズ命、祖父はホホデミ命、曾祖父はニニギ命、高祖父で高天原の太子はオシホミミ命であった。オシホミミ命は、神武天皇の四代前の先祖ということになる。

単純に一世代二十年とすると、オシホミミ命が生まれたのは、神武天皇が生まれる八十年前で、紀元前七九一年と推測できる。一世代三十年とすると紀元前八三一年、四十年とすると紀元前八七一年となる。ということは、オシホミミ命の生誕年は、紀元前八七一年から七九一年の間と推測できる。ホホデミ命はニニギ命の三男であり、神武天皇は、フキアエズ命の四男であったことから、おおざっぱに中央値を見積もって、オシホミミ命が生まれたのは、紀元前八三一年、神武天皇生誕の百二十年前だったと考えられる。誤差は、一世代十年として四十年ぐらいになるだろうか。

そうすると、北イスラエルでは、アハブ（即位年前八六九～前八五〇）、アハズヤ（前八五〇～前八四九）、ヨラム（前八四九～前八四二）、イエフ（前八四二～前八一五）、ヨアハズ（前八一五～前八〇一）、ヨアシュ（前八〇一～前七八六）、ヤロブアムⅡ世（前七八六～前七四六）の七人、南ユダでは、ヨラム（前八四九～前八四二）、アハズヤ（前八四二）、アタリア（前八四二～前八三七）、ヨアシュ（前八三七～前八〇〇）、アマツヤ（前八〇〇～前七八三）の五人である。括弧の中の年代は、即位年である。南ユダ王国の王たちは、即位年に何歳だったかの記録が旧約聖書にあるので、誕生年が分かる。北イスラエル王国の王なら誕生年は分からない。

予測した中央値からは、オシホミミ命は、北のヨラム王か南のヨアシュ王になるのではなかろうか。もちろん、年代的には他の王も可能性は十分ある。候補者は合計十二人であるが、アタリアは女王なので除外できる。結局、十一人の王の歴史を調べればよいことになる。

これらの王の中で、先述した①から④のキーポイントに着目してオシホミミ命と同じ境遇の王を探してみよう。古事記神話が、旧約聖書と何らかの接点があるなら、これらのキーポイントを満たす王が必ずいるはずである。

■オシホミミ命は南ユダ王国第八代王ヨアシュである

オシホミミ命と同じような境遇の王は、北イスラエル王国には見当たらないが、南ユダ王国第八代王のヨアシュの特徴が驚くほど①から④のキーポイントに合致している。

この王のいた時代、エルサレムでは大惨事があった（列王記下8章16節から12章、歴代誌下21章から24章）。旧約聖書に詳しい読者の方は、ヨアシュが南ユダ王国第七代王アタリアに殺されかけたダビデ家の最後に残った幼児であった、と、ピンとくるだろう。

①オシホミミ命にアマテラスや高木神のような摂政がいた

どうしてヨアシュ王が若くして王になったかという経緯は、かなり複雑で、次にそれを要約して説明する。

北イスラエル王国は、アハブ亡きあと、息子のアハズヤ（南ユダ王国第六代王アハズヤとは別人）が継いだが、急死した。その後、弟のヨラム（南ユダ王国第五代王ヨラムとは別人）が王位に就いた。南ユダ王国では、第四代王ヨシャファトは、息子のヨラムにアハブの娘のアタリアを娶らせた。これで、南ユダ王国と北イスラエル王国は同盟を結んだ（歴代誌下18章1〜2節、21章5〜6節）。アハズヤの母アタリアは、北イスラエル王国出身であった。アタリアの母イザベルは、フェニキアのシドンの王エト・バアルの娘であった。（列王記上16章29〜33節）。

ヨアシュの父アハズヤは、イエフの戦車部隊にメギドの地で殺害された。おじで北イスラエルのヨラムは、イズレエルの地で同じ部隊に弓で射殺された（列王記下9章14〜29節）。イエフはアハブの部下であったが、預言者エリヤの弟子のエリシャは、イエフに北イスラエルの次期王になることを告げた。それから、イエフはアハブの子孫の鏖殺《おうさつ》（皆殺し）に取り掛かる（列王記下9章から10章）。アハブの子孫を北イスラエル王国から抹殺することで自らが王となるためであった。また、アハブが信奉していたバアル教を一掃するためでもあった。

まず、イエフは、部下を引き連れてアタリアの母イザベルの住んでいるイズレエルの館に向かった。館の二階にいた二、三人の宦官に、イザベルを二階から突き落とすように命じた。宦官達はイエフに従い、イザベルを二階の窓から突き落とした。地面に落ちたイザベルは、犬に食われ、頭蓋骨と両脚と両手首しか残らなかった（列王記下9章30〜37節）。

次にイエフは、サマリアの宮廷長、町の長、長老、養育者達に命じて、アハブの子供七十人を殺害するように命令した。サマリアに着くと、アハブの家の者をことごとく打ち殺し、一族を滅ぼした。これが、アハブ家鏖殺事件である。

エルサレムでは、兄弟ヨラムと息子アハズヤと母イザベル、そして多くのアハブの子孫がイエフに殺害されたことがアタリアに知らされた。彼女は発狂した。そして自らの孫を殺害するよう兵士に命じた。

その時、ヨアシュの伯母であるヨシェバは、アタリアが、ヨアシュを含めた孫を皆殺しにすることを聞きつけ、密かにヨアシュと乳母を宮殿の家具部屋に隠れさせた（列王記下11章1～3節）。

アタリアは、ダビデ王の血を引くヨアシュ以外の王子全員を殺害し、自らは南ユダ王になった。これが、ダビデ家鏖殺事件である。

アタリアの兵士の剣で殺された幼児や乳児の死体が宮殿に並べられていた。この凄惨な光景を目の当たりにした他の王族たちの心境は想像を絶する。恐ろしい女王である。数々の魔女伝説は、アタリアから生まれたのではないか。

ヨシェバとヨヤダは、アタリアの目を盗んでヨアシュを神殿で六年間匿《かくま》った。ヨシェバの夫ヨヤダは、南ユダ王国の祭司長であり、いつかアタリアを殺害しようと計画を練っていた。そして遂に紀元前八三七年、アタリアとバアルの祭司マタンを殺害した。その後、ヨアシュが南ユダ国第八代王となった。そのとき、ヨアシュはわずか七歳だった。その後、ヨシェバとヨヤダはヨアシュの摂政となり、南ユダ王国を治めることになった（列王記下１１章４～20節）。

古事記神代のオシホミミ命の系譜

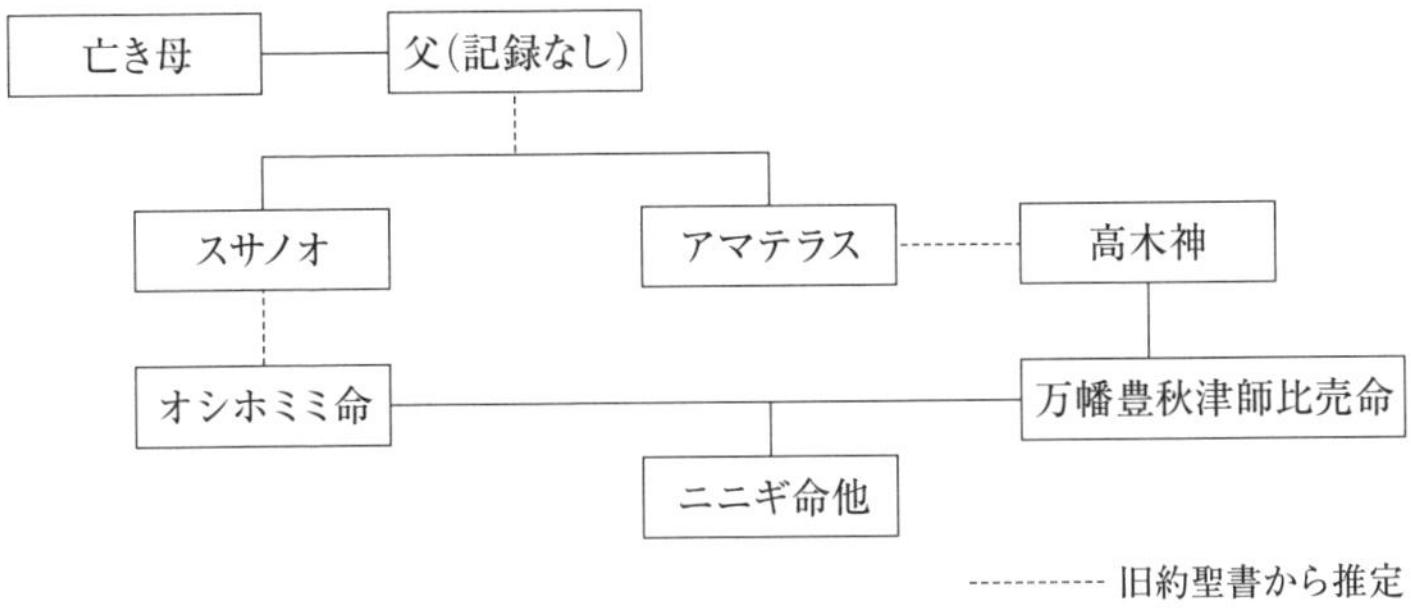

②若くして妻を娶った

ヨヤダは、ヨアシュの血を引いた男子ができるだけ多く必要だと考えた。ダビデの血を引いた子孫を絶やさないためである。ヨアシュが成年になると、二人の妻を娶らせ、彼らの間に息子と娘が複数生まれた。その中の一人が、次の南ユダ王アマツヤであった。アマツヤの母はヨアダンといい、エルサレムの人だった。また、イザヤの父も、アマツヤと兄弟だといわれている（歴代誌下24章3節）。

③アマテラスとスサノオ命は異母姉妹の関係であった

ヨシェバとアハズヤは、母違いの姉弟の関係にあった。アハズヤは、母アタリアと同様バアル教を崇拝していたし、北イスラエル王国の王たち（おじ達）と仲良くしていたことから、ダビデの血を受け継いでいる王というより、北イスラエル王国の王と変わらない王であった（歴代誌下22章）。

日本の旧約聖書では、ヨシェバは南ユダのアハズヤ王の妹となっているが、英語の旧約聖書ではsisterで、妹か姉かは分からない。ただ、エルサレムにペリシテ人とアラブ

旧約聖書の南ユダのヨアシュ王の系譜

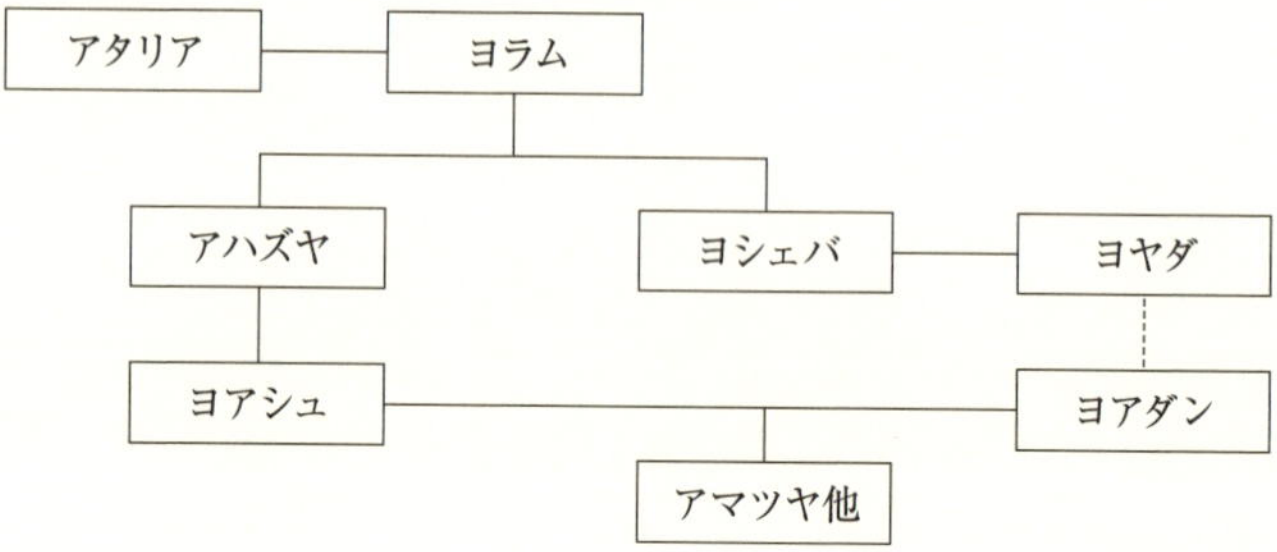

------------ 古事記神話から推定

人が襲撃してきたとき、助かったアハズヤは最年少だったと記されているので（歴代誌下21章17節）、ヨシェバは姉の可能性がある。日本語は、姉か妹かをはっきりさせる言語であるが、英語はそうでないので、この言語の違いが、姉か妹かの違いとして表現されていると思われる。筆者は、古事記神話の記述の方が正確ではないかと思う。

また、妣《はは》の国は、亡き母の国という意味である。アハズヤの亡き母は、母アタリアと祖母イザベルである。彼女たちはバアル教を信奉していたので、彼女たちの故郷は北イスラエル王国というより、フェニキアのシドンと考えるべきであろう。そうすると、アマテラス神話に記された「妣の国根の堅州国」は、フェニキアのシドンを指すと考えてよかろう。また、根の国も、都市国家のシドンを指すと思われるが、場合によっては、フェニキアのバアル教を信奉した都市国家全体を指すと思われる。

④高天原を脱出して葦原に移住しなければならない何らかの理由があったこと

ヨアシュは神殿で育てられたが、アタリアの兵士に見つかって命を奪われる危険性があった。また、アタリアが殺害された後、ヨアシュが王に即位しても、イエフがいつ攻めてくるかわからなかった。ヨアシュは、高天原で常に命が狙われている状態であった。

■アマテラスと高木神は実在した

ヨシェバの夫で祭司長のヨヤダは、アタリアを殺害し、ヨアシュを南ユダ王国第八代王に即位させた。これにより、南ユダ王国と北イスラエル王国の両国を支配していたオムリ王朝は、完全に消滅することとなった。ヨアシュは、エルサレムで親代わりのヨヤダとヨシェバに引き取られたかたちとなった。

南ユダ王国には、養育係りという大臣がいた。王のすべての王子・王女の健康、教育、習い事を管理する責任者である。ヨシェバは、宮殿で養育係と同等かそれ以上の仕事をしていたであろう。夫ヨヤダは、摂政として南ユダ王国の政治をヨアシュが成人になるまで行ったが、高齢だったため、多くは妻のヨシェバが関わったと思われる。

ヨアシュがオシホミミ命とすると、アマテラスはヨシェバ、高木神はヨヤダとなる。また、ヨシェバの異母弟はアハズヤであるから、古事記神話のアマテラスとスサノオ命が姉弟である内容に沿っている。

古事記神話では、高木神が、オシホミミ命に高木神の娘トヨアキツシヒメ命を娶らせ、ニニギ命を産ませた。旧約聖書においても、ヨヤダはエルサレム出身のヨアダンをヨアシュに娶らせている。ゆえに、オシホミミ命の妻トヨアキツシヒメ命がアマツヤの母ヨアダンとすることは可能ではないかと思われる。

ヨヤダがヨアシュに与えた二人の妻が、ヨヤダの娘であるという記述は旧約聖書にはないが、ニニギ命は、ヨアダンが生んだアマツヤの兄弟か、ヨアダンでない妻から生まれた男子のいずれかであろう。アマツヤが生まれたとき（紀元前八二五年）、父ヨアシュはわずか十七歳であった。ニニギ命は、この年代の前後に生まれた王子であったと思われる。

古事記神話では、天火明命《アマノホアカリノミコト》がニニギ命より先に生まれている。天火明命は、アマツヤかイザヤの父か、また別の王子かもしれない。その詳細は、旧約聖書には記録がないので分からない。

また、旧約聖書では、ヨシェバとヨヤダは夫婦であるという記述がある。しかし、古事記神話にはない。日本書紀神代下葦原中国の平定条では、オシホミミ命はアマテラスの子ということになっている。そうであるなら、ニニギ命はアマテラスの孫になる。しかし一方で、ニニギ命は、アマテラスの孫でありながら、高木神の孫でもある。これはどういうことか。

ヨシェバはアマテラスで、ヨヤダが高木神であることから、アマテラスと高木神は夫婦であって、トヨアキツシヒメ命は、おそらく彼らの娘であろう。そうでないと、ニニギ命がアマテラスと高木神の孫にはならないからである。

古事記神話では、アマテラスが天孫降臨を実行したのであり、ヨヤダは高齢で天孫降臨の時期にはすでにこの世を去っていた可能性がある。古事記編纂者は、アマテラスと高木神が夫婦であることは重要でないと判断して書かなかったのではなかろうか。

旧約聖書と古事記は成立年代も制作された国も違うにもかかわらず、アマテラスとスサノオ命が姉弟の関係であることとヨシェバとアハズヤが姉弟であることが一致することは驚きである。オシホミミ命を取り巻く神々や命は、旧約聖書に出てくるヨアシュを取り巻く王族たちに酷似している。筆者は、初めてこのことを知ったとき、畏怖で体が震えた。

オシホミミ命はあまりにもヨアシュ王に似ており、アマテラスはヨシェバ、高木神はヨヤダに似ている。アマテラスと高木神に、ニニギ命を葦原に天孫降臨させる動機があるうえ、アマテラスとスサノオ命が対立する理由も存在する。ヨシェバとヨヤダは、神ヤハウェを信仰していたが、アタリアとアハズヤは、バアルを信仰していた。同じ南ユダ王国の中で、二つの信仰が対立していたのである。この宗教的対立が、そのまま葦原に持ち込まれ、高千穂と出雲の対立となっていったと考えられる。

天武天皇とともに古事記編纂に関わった太安万侶は、高天原がどこか、いつの時代か、分かっていたのではないか。分からなければ、天皇をスメラミコトと呼ぶことはなかったはずだし、南ユダ王国第八代王ヨアシュと境遇が酷似するオシホミミ命を古事記神話に記すことは決してなかったであろう。

■スサノオ命はオシホミミ命の父である

旧約聖書から、オシホミミ命の父は、南ユダ王国第六代王アハズヤであることが分かった。古事記神話には、スサノオ命がオシホミミ命の父であるという記述は一切ない。なぜ、古事記編纂者は、オシホミミ命の実父がスサノオ命であるという記述をしなかったのか。

その理由は、オシホミミ命の父をスサノオ命としてしまうと、古事記神話にアマテラスとスサノオ命の関係を示す神話を余計に追加しなければならず、安万侶にとって神話の構成のバランスが崩れてしまうおそれがあったからである。また、後ほど詳しく説明するが、スサノオ命は、アマテラスの神話にも複数回登場するが、その名称は、建速須佐之男命、速須佐之男命、須佐之男命と三種類ある。これは、スサノオ命の王族の系譜が複雑だからである。スサノオ命をオムリ王朝の王族の総称と考えればスサノオ命の神話が読めるようになるが、これらを一人の人物と考えると全く神話が読めなくなるのだ。

加えて、古事記編纂者自身が、オシホミミ命がスサノオ命の子という事実を公表したくなかったと思われる。スサノオ命は高天原にいたが、どうしてアマテラスの敵になったかを説明しようとすると、バアル教と古代イスラエルの宗教の争いのすべてを説明しなければならないからである。

古事記神話が理解されなかった原因の一つに、誰がスサノオ命かを特定することが困難であったことが挙げられる。旧約聖書においても、アハズヤ王とその母タイリアが南ユダ王国の王になった時代は、ヨラム王とアハズヤ王が北イスラエルにも南ユダにも登場し、複雑で読みにくい。そのうえ、両国で王子たちが殺害される残酷な鏖殺事件が記されており、好んで読むテーマでは決してない。しかしながら、スサノオ命がオムリ王朝の王族であり、またオシホミミ命の父であるということ、さらに、スサノオ命の亡き母の国がフェニキアのシドンであると分かれば、古事記神話の理解が飛躍的に進むことになる。天皇が「スメラミコト＝サマリアの王」であるのは、天武天皇がオムリ王朝の血筋を尊重したからだ。

高天原において、アマテラスは、スサノオ命とはお互いに敵対関係にあったが、大国主神が国譲りを認める代わりに神殿を建てるという要求を受け入れた。アマテラスは、スサノオ命とその末裔を滅ぼす意図はなかったと考えられる。天皇家が多神教を容認したのも、宗教の違いで争いが起こるのは承知していたので、バアル教の色彩の強い出雲の宗教を排除することなく共存させたのであろう。そうすることで、高天原で起きた凄惨な事件を繰り返すことを避け、天皇家が葦原で末永く存続することができると考えていたと思われる。

■伊邪那岐命《イザナギミコト》と伊邪那美命《イザナミミコト》は誰か

古事記神話の時代は、大きく分けて、伊邪那岐命（以下イザナギ命）・伊邪那美命（以下イザナミ命）の時代、アマテラス・スサノオ命の時代、天孫降臨後ニニギ命からイワレビコ命（神武天皇）の時代に分かれる。最初のイザナギ命・イザナミ命の時代は、オムリ王朝（紀元前八六九〜紀元前八三七）より以前で、積極的に海外進出を試みた王朝となる。そうすると、自然とイザナギ命・イザナミ命の時代は、ダビデ・ソロモン王時代（紀元前一〇〇〇年〜紀元前九

古事記神代と旧約聖書の接点

古事記神代		旧約聖書	重要な年代
オシホミミ命	高天原の太子	南ユダ王国第８代王ヨアシュ	前837～前800年
アマテラス	天孫降臨の指導者	ヨアシュを救ったおばヨシェバ	
高木神	天孫降臨の指導者	ヨシェバの夫で祭司長ヨヤダ	
スサノオ命（複数）	オシホミミの父（記載なし）	第６代王アハズヤ　ヨシェバの弟	前842年
〃	神やらひにより追放	第７代王アタリア　ヨアシュの祖母	前842年
〃	神やらひにより追放	バアル教の祭司マッタン	前842年
天宇受売命	裸踊りをした命	ヨアシュと寝具室に隠れた乳母	前837年
ニニギ命	天孫降臨を実施した天孫	ヨアシュの息子でアマツヤの兄弟	前825年以降
イザナギ命	高天原の国生み指導者	ソロモンの東方貿易指揮官	
イザナミ命	黄泉の国の国生み指導者	シバの女王の貿易指揮官	
天津神	国生みの紛争を解決した神	古代イスラエルの王	前961～前931

三一年）になる。この時代、古代イスラエルの王たちは、タルシシ船団を使い、遠くインドまで航行して東方貿易を行っていた。

　では、イザナギ命とイザナミ命は誰なのか。「命」は古事記神話では王族を指す。詳細は後述するが、筆者は、イザナギ命はソロモン王で、イザナミ命はシバの女王であると考えている。ソロモン王は、豪華な宮殿建築と何千人もの側女《そばめ》を養うため、夥しい量の金を求めて東方貿易を行った。乳香ビジネスで富を築いたシバの女王も大量の金を保有し、何艘もの貿易船を所有していた。両者が、まだ誰も足を踏み入れたことがない、インドから東の国々に船団を組んで航行して、大量の金を獲得したことは十分考えられる。

古事記神話の神産みの神話を見ると、イザナミ命からは、金山毘古神や金山比売神など、鉱山に関係する神々が生まれている。また、国産みと神産みの神話の構成は、金の採取事業のためと思われる内容になっているところが多い。

このことから、イザナギ命とイザナミ命は、高天原と黄泉の国から葦原に金採取のために送られた使者であったと考えられる。それゆえ、イザナギ命・イザナミ命の時代はソロモン王の時代以外にはない。ただし、イザナギ命にしてもイザナミ命にしても、本人ではなく、信頼のおける兄弟や従兄弟が実際に葦原に降臨したと思われる。

シバの女王の故郷はいったいどこか。最近の考古学研究によると、シバ王国は現在の古代イエメンであったという説が有力になっている（『シバの女王　砂に埋もれた古代王国の謎』ニコラス・クラップ著　紀伊国屋書店）。また、シバ国は現在のエチオピアであったという説も支持されている。旧約聖書には、シバの女王は肌の黒い女性であるという記述があり、両方の国ともに人々の肌の色は黒い。シバ王国は、古代イエメンやエチオピアのような黒人の住む国であった可能性は高い。

シバ国は、アラビア南部の国（現在のイエメン）をいい、その首都がサバであった。サバは、乳香や薫香などの香料貿易をエチオピアやインドと行っていた（『聖書辞典』いのちのことば社）。また、エチオピアはクシと呼ばれていた。それゆえ、シバの女王がエチオピアを支配した女王であるとするのは難しい。しかし、ヨセフスは、シバの女王はエジプトとエチオピアの女王であると『ユダヤ古代誌』に記していることから、シバ国をエチオピアとする説が支持されているのであろう。

2　古事記神話の国々

■太安万侶がつけた国名にヒントが隠されていた

安万侶は、古事記を編纂するにあたり、古事記の序の部分で、

「しかしながら、上古においては、ことばもその内容もともに素朴で、文章に書き表すとなると、漢字の用い方に困難があった。すべてを漢字の訓を用いて記した場合には、漢字の意味とことばの意味とが一致しないことがあり、全部漢字の音を用いて記したものは、記述がたいへん長くなる。そんなわけで今は、ある場合は一句の中に音と訓とを混用し、ある場合は一事を記すのに、すべて訓を用いて記すこととした」

と、文章の作成に苦労があったことを書き残している（『古事記（上）全注訳』次田真幸訳　P31～32　講談社学術文庫）。

古事記神話の神々や命の名前は、音で表記したものが多く、ところどころ訓と音が併用されている。例えば、ニニギ命の名は、天邇岐志国邇岐志天津日高日子番能邇邇芸命と長い。この場合、「天」は天津神の「天」で、「命」は王族を示す。「天」と「命」の間の言葉は、どうい

エルサレムから葦原（日本）までの航路（前9世紀）

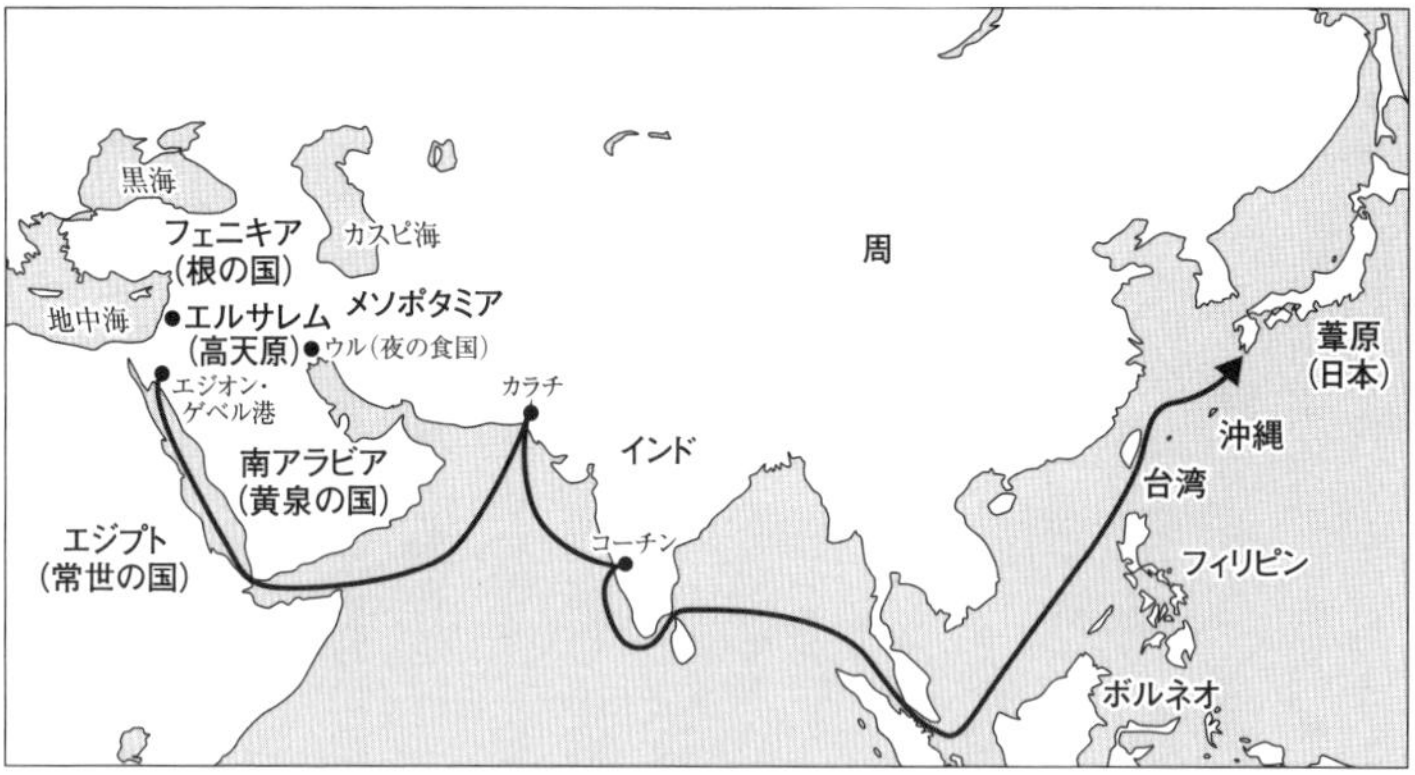

う意味か分からない。ヘブライ語なら分かるかもしれない。

安万侶が記した国名は、すべて漢字の訓を使って記されている。したがって、高天原、根の国、また黄泉の国がどのような国かは、それぞれの国名の漢字の訓の内容を調べることで知ることができるのではなかろうか。

太安万侶が古事記神話で記した外国と思われる国の名は、高天原、根の国（根の堅州国及び妣の国）、黄泉の国、常世の国、夜の食国《をすくに》である。すでに、高天原は古代イスラエル、根の国はフェニキア、黄泉の国は古代イエメンであることを突きとめた。残りの常世の国と夜の食国についても、古代イスラエルやフェニキアに関係する国である。具体的には後ほど述べるが、いずれにしても、安万侶は当時の高天原であるオムリ王朝の時代背景を正確に記していたと言える。

■根の国はフェニキア

古事記神話には、スサノオ命が「妣の国」に行く条があある。先述したが、アマテラスとスサノオ命が姉弟の関係にあり、スサノオ命の亡き母の国という文言から、その国はバアル教の国であり、アタリアの母イザベルの故郷フェニキアのシドンだということが分かる。

また、アマテラスとスサノオ命の姉弟関係に加え、それぞれの母の故郷（信奉した神の存在する国）が、古事記神話と旧約聖書において一致することに気づく。

さらに、「堅州国」は「妣の国」の別名なので、これもシドンであるということが分かる。「州」という言葉は、フェニキアの都市国家形態を表していると思われる。フェニキアは、シドンやティルスといった都市国家が集まってできた国であって、南ユダ王国や北イスラエル王国のように一人の王が治める国ではなかった。そのため、強力な軍隊を持っていなかった。敵が攻めてくると、竜骨船を地中海に出して植民地のカルタゴに逃避できるようにしていた。

「堅」は、固いという意味から、石造りの岸壁を思わせる。シドンには、古くから造船場や石造りの岸壁はたくさんあった。また、シドンから南に五十キロメートル下がったところにティルスという有名な都市国家があった。フェニキアは、ここを拠点にカルタゴを植民地とした。ダビデ・ソロモン王と経済的交流があったティルスのヒラム王は、海岸から一キロメートル離れた小島に石の城を築いていた。優秀な石造技術がなければできないことである。ティルスは、アラビア語で岩を示すので、「堅州国」はティルスを含むのかもしれない。

古事記神話では、「妣の国」を「根の国」または「根の堅洲国」であると説明しているが、安万侶が表記した「根の国」には、どういった意味があるのだろうか。

「根」の意味はいろいろ考えられる。フェニキアの地形がシリア砂漠・レバノン山脈と地中海に挟まれた細く長い国であることから、「根」の国と表記したのかもしれない。また、フェニキアは、アルファベットの起源となる文字を発明している。文字の基という意味での「根」かもしれない。さらに、「根に持つ」という言葉がある。いつも恨みに思って忘れないという意味である。フェニキアは、借金を返さなかったソロモン王を恨んでいたのかもしれない。いずれにせよ、フェニキアは紫色という意味だと言われており、国の名前と漢字の訓の意味が一致しない例である。

■高天原はやはり古代イスラエル

安万侶が記した「高天原」の国の名称については、「高」は文化水準の高さを示すものであろう。これは、葦原において狩猟採取だった縄文時代や水稲中心の弥生時代と比べて、文化水準が高いということである。

ダビデ王は、大量の金を保有し、インドやアフリカ、地中海、そして東アジアにいたる地域と貿易をした。神ヤハウェを信じ、楽団を所有し、宮殿に住んだ。

息子のソロモン王は、父の宮殿を遥かに凌ぐ宮殿を建て、金箔がはりめぐらされた神殿を建てた。エジプト、アッシリア、バビロニア、アラビア、アフリカ、ギリシャの王や貴族は、多くの貢物を携え、こぞってソロモン王に謁見するためにエルサレムに上ってきた。エルサレムの町は、穀物、果実、肉類、衣類、装飾品などが市場に溢れ、活気があった。オリエント諸国の王族や旅人がエルサレムに大勢訪れたことであろう。紀元前十世紀から九世紀にかけて、古代イスラエルほど文化水準が高かった国は世界のどこを探してもなかったのである。

また、エルサレムは標高八百メートルの丘にある都市であった。その意味での「高」も含まれている。古代イスラエルに相応しい漢字が当てられているのがよく分かる。

「天」は天津神が住む場所であり、天孫の住所でもある。「天」も「高」と同じように宗教のレベルの高さを表す漢字である。天之御中主神にも使われていることから、「天」を冠する神々や命は、この神に何らかの関係があると思われる。「天」は、地球のみならず宇宙を創造する神ヤハウェから来ているのではないか。

古代イスラエル、とくにエルサレムは、神ヤハウェの啓示が「天」より降る地である。エルサレムが現在もキリスト教、ユダヤ教、イスラム教の聖地であるのは、古代イスラエルが三千年前から唯一創造神の信仰の中心であったからである。エルサレムの宗教の役割は、今も昔も変わっていない。

「原」は、一国ではなく複数の国が含まれた広範囲の地域を示す言葉である。古代イスラエルは北イスラエル王国と南ユダ国を含み、周辺のエドムやモアブを占領した時代もあった。また、エジプト、フェニキア、ギリシャ、アッシリアと関係が深かった。従って、「原」は当時の古代オリエント諸国の最強国であった古代イスラエルの国力を表すのに適した漢字である。

南北両国は、やがてアッシリアやバビロニアに滅ぼされてしまう。神武天皇の崩御が紀元前五八四年とすると、このころには南ユダ王国、北イスラエル王国のいずれもが消滅していた。古事記神話でも、神武天皇以降は高天原との交流が途絶えてしまうので、その点で古代イスラエルの歴史と一致していると言える。

■常世の国はエジプトである

常世の国はどこなのか。常世の国は、垂仁天皇の時代に出てくるから、紀元後になっても存在していた古代オリエント諸国の一つであると考えられる。

安万侶が「常世」に込めた意味は、常に世、つまり時代があった国ということである。換言すると、古代イスラエルやフェニキアとは異なり、その国が滅びず存続していた国という意味である。そうすると、考えられるのは、エジプト以外にない。

エジプトは、異民族が侵攻したことはあっても、王朝が滅ぼされて大多数のエジプト人が他国への移動を余儀なくされたということはなかった。安万侶が記した「世」は、ある民族が長期に亘って定住生活をする状態を言っているようである。それゆえ、他民族に一時的に支配されても、国民が国外へ移住しなかったなら「世」は存続している状態になる。

常世の国とは対照的に、高天原、根の国、黄泉の国は、想像上の国という表現がなされている。これらの国々は、滅びて早々に世界の歴史から消え去ったためだと思われる。古事記編纂時に姿かたちもなくなってしまった国を想像上の国々とすることで、その国の状態を表していると思われる。

古代イスラエルでは、北イスラエル王国がアッシリアに滅ぼされ、王族、高官や役人達がアッシリアに移住させられた。また、南ユダ王国も新バビロニアに滅ぼされ、ほとんどの国民はバビロニアに移住させられた。その後、ペルシャが新バビロニアを滅ぼすと、南ユダ王国の民はエルサレムへの帰還が許されたが、その後セレウコス朝シリアに支配され、ローマに支配され、最終的にはヨーロッパ各地へと離散する。

フェニキアも、紀元前六世紀に新バビロニアに滅ぼされ、古代イスラエルと同じ運命を辿った。異なるのは、カルタゴを植民地にしていたので、フェニキア人はそこに移住した者も多かった。

シバ王国は、紀元前十三世紀から始まったが、三世紀末には隣国のヒムヤル王国に併合されて滅亡している。筆者は、シバ王国の民の多くは、滅亡前にエチオピアに移住したと考えている。

いずれの国も、安万侶が古事記を編纂した時代には滅びてしまった国ばかりである。滅びた国があったように神話で表現すると、霊界に存在する国のように思えるのは当然のことである。また、古事記神話の大国主神の神話では、少名毘古那神《スクナビコナノカミ》は常世の国からやってきた神であるという記述がある。常世の国がエジプトであるとして、これを当てはめると、この神はエジプトからの神であるということになる。この神は、エジプトのメンフィス出身であったコシャル・ハシスという技術の神によく似ている（『ウガリトの神話　バアルの物語』谷川政美訳　36P新風舎）。

古代エジプトとウガリット王国は古くから交流があり、ウガリットが滅びた後も、フェニキアはエジプトから様々な技術を学んだ。出雲国がオムリ王朝の末裔が建てた国なら、出雲の建国にエジプトの支援を得ていたとしても何ら不思議ではない。

■黄泉の国は南アラビアのイエメン

「黄泉の国」は、ソロモンの時代に同盟国となっていたシバ王国の古代イエメンであるとすでに述べた。

安万侶は、イザナミ命の出身国の「黄泉の国」を漢字の訓で表現したと考えられる。「黄泉」の漢字をよく見ると、黄色い泉と書く。黄色い泉とは、砂漠のことである。大地に広大な砂漠があり、砂の表面に風で形作られた波の情景が目に浮かぶ。どうやら高天原では、砂漠で人や家畜がひとたび迷うと死が待っていたと想像し、死の国を黄泉の国としたと思われる。

また、イザナギ命とイザナミ命は、共に国造りを行うという目的で葦原に来たが、結局、イザナミ命は、葦原を捨てて黄泉の国に帰ってしまった。しかし、イザナギ命は、国造りをあきらめきれなかった。黄泉の国に赴きイザナミ命に会うと、もう一度国造りをしようと持ち掛けた。イザナミ命は、黄泉国の神に相談するといって御殿に戻った。そのときイザナギ命は、左の御角髪に挿していた爪櫛の太い歯を一本取って火をつけた。おそらく夜だったと思われる。戦が夜にされたのは、黄泉の国が砂漠の国だったからではなかろうか。そのような環境では、昼間は暑くてとても戦ができなかったと考えられる。

黄泉の国は死の霊界の国という古事記神話の解釈がある。その国は、南アラビアであり、河川がなく、非常に乾燥しており、木々があまり見当たらない砂漠で、川がたくさんある日本に比べると死の国であったと言える。安万侶は、砂漠の国を死の国という比喩で神話を作ったのではなかろうか。

■夜の食国はメソポタミアである

太安万侶が漢字を当てた神々の中で、夜の食国《をすくに》出身の月読命ほど神秘的な命はない。しかも、この命は古事記神話で一度しか出てこないのである。そして、月読命は、アマテラス大御神と争いをするわけでもなく、スサノオ命と協力して出雲を建設するわけでもない。ただ、イザナギ大神に夜の食国を治めよという命令を受けるのである。

太安万侶が月読命について詳しく書かなかったのは、書く必要がなかったからであろう。言い換えれば、月読命はアマテラスとは関係がほとんどないし、天孫に至っては関係がなく、イザナギ命・イザナミ命の時代にはすでに葦原に来ていた王族だったと考えられる。

夜の食国《をすくに》の「夜」は、日の神であるアマテラス大御神の高天原とは対照的な国で、太陰暦の国であることを示していると考えられる。太陰暦と言えば、メソポタミアが真っ先に思いつく。

メソポタミア神話には、月の神シンが存在する。シンはウルの守護神で、豊穣の男神である。夜の食国は、メソポタミアのウルであると思われる。イザナギ命・イザナミ命の時代はおおよそ紀元前十世紀であるから、メソポタミアのウルから何らかの理由で葦原に移住してきた王族

太安万侶が表した国々

古事記神代	国の特徴	旧約聖書	国の特徴
高天原	天孫の故郷	古代イスラエル	ヤハウェ神を信奉した国
葦原	高天原の植民地（寄留地）	東の島々	イザヤ書に記録あり
根の国	スサノオの故郷	フェニキア	バアル教の国
根の堅州国	根の国の他の国	フェニキアのシドン	アハブ王と親交が深かった
妣の国	スサノオの亡き母の故郷	フェニキアのシドン	アタリアの母の故郷
黄泉の国	イザナミ命の故郷	古代イエメン	シバの女王の故郷
常世の国	少名毘古那神の故郷	エジプト	ヘブライ人が奴隷とされた国
夜の食国	月読命の故郷	メソポタミアのウル	アブラハムの故郷

だったのだろうか。

ウルは、シュメール人の都市国家であった。アッカド帝国に支配された紀元前二三〇〇年から、東西から侵入者が絶えなくなった紀元前二〇〇〇年ごろにかけて、シュメール人はシュメール船を操り、頻繁に海外に進出した。ウルも、東西の侵入者に国が支配され、その際王族が密かにメソポタミアを離れ、日本にたどり着いたと思われる。古事記編纂者は、それを知っていて、ウルからの王族を月読命として祀るために古事記神話に記したのではなかろうか。メソポタミアのウルは、アブラハムの故郷であった。この命に関して悪い表現が付きまとってないのは、それが理由かもしれない。ちなみに、月読命は伊勢神宮の別宮で祀られている。

■古事記神話に見えるオリエント諸国

安万侶が古事記神話で記載した国名を並べると、高天原＝古代イスラエル、根の国（妣の国または堅州の国）＝フェニキアのシドン、常世の国＝エジプト、黄泉の国＝古代イエメン、夜の食国＝メソポタミアのウルである。

これらを見ても分かるように、どの国も古代オリエントに属する国である。

古事記神話を読む人が、旧約聖書の知識や古代イスラエルの周辺国家の歴史に造詣が深くなると、高天原が古代イスラエルではないかと思うのは当然である。なぜなら、古事記を編纂した安万侶や天武天皇と同じ知識や思想を持つことになるからである。逆に、聖書の知識や古代イスラエルと同じ神の道の思想を理解せず、漢意の思想しか持ち合わせていなかったら、古事記神話は架空の神話と解釈せざるを得なくなる。宣長が、古事記を理解するには「漢意を排除せよ」と警告したのは、まさにこのことである。

安万侶をはじめ、天武天皇や古事記編纂者は、高天原がどのような国だったかを把握していたと言える。そして、後で詳述するが、この国の宗教と他国の宗教間の関係も誤りなく古事記神話に記している。

3　造化三神《ぞうかさんしん》と古代オリエント諸国の神々

■造化三神

高天原で天地が初めて分かれた開闢《かいびゃく》の時から存在していた神々は、「造化三神」と呼ばれている。造化三神は、神々の中でも別格で、高天原で崇められた神々であった。古事記神話の冒頭で登場する、高天原で成った天之御中主神、高御産巣日神と神産巣日神は、特定の人ではない。造化三神は、アマテラスやスサノオ命が信仰した抽象的な神である。

天之御中主神は、使われた漢字をよく見ると、天で一番中心となる神であることが分かる。高天原が古代イスラエルだとすると、古代イスラエルの神ヤハウェになる。

「天」は創造主の神であり、地球上のものだけでなく、太陽も月も、そのほかの天体すべてを支配している神の居られる場所である。この神は、古事記神話では一度しか出てこない神であるが、高天原の最高の神であることには疑いがない。

「御」は、天皇家をさす言葉で、御軍《みいくさ》とか御髪《みぐし》と言う言葉に使われている。御軍であれば、天皇の所有する軍隊という意味である。高天原が古代イスラエルとすると、「御」は当然、ダビデ家をさすことになる。

平田篤胤の弟子の渡辺重石丸は、天之御中主神はイスラエルの神ヤハウェであると唱えた（『日本とユダヤ運命の遺伝子』久保有政著　２９３Ｐ　学研）。彼も、篤胤と同じように旧約聖書を

古事記神話の神々と古代オリエント諸国の神々

古事記神代	神の特徴	古代オリエント諸国の神々	信奉のあった国または都市
天之御中主神	創造神的な存在	ヤハウェ	南ユダ王国　エルサレム
高御産巣日神	天孫の皇祖信仰	ダビデ	ダビデ家信仰　エルサレム
神産巣日神	天孫と対立した信仰	バアル教	フェニキア　シドン 北イスラエル王国
五穀豊穣の女神	豊受気毘売神など農業神	イシュタルなど	メソポタミアのウル

学んで神道の神と古代イスラエルの神に共通点を見出したと思われる。

次の高御産巣日神は、天之御中主神と同じで「御」の漢字が入っている。従って、この神もダビデ家に関係する。ここでは、アマテラスと高木神（または高御産巣日神）は、太子オシホミミ命の息子ニニギ命を葦原に天降りさせた神であり、天皇家と極めてつながりが深い神である。

アマテラスがヨシェバで高木神がヨヤダであるとすると、高御産巣日神はダビデ王も祀っていた神になるのではなかろうか。伊勢神宮にある灯篭にダビデの象徴である篭目紋が刻まれているのも不思議ではない。篭目紋は、様々な形で、魔除けとして日本の各地で使われている。西宮市の市章に籠目紋が使われているのは、その例であろう。我々が、籠目紋がダビデの六芒星であるという認識がないだけである。

その次の神産巣日神には「御」の言葉がない。そして、この神は、根の国（フェニキア）と関係が深いスサノオ命の母の神であった。また、常世の国（エジプト）から出雲に来た少名毘古那神の祖神でもある。従って、神産巣日神は、ウガリット神話をもとにしたバアル教となる。スサノオ命がオムリ王朝の王族であり、彼らの宗教はバアル教であったことからもそのようにいえるだろう。

古事記神話冒頭の三大造化神は、天之御中主神＝ヤハウェ神、高御産巣日神＝皇祖神（ダビデ家信仰）、神産巣日神＝バアル教であるが、これらの神々は紀元前十世紀から紀元前八世紀にかけて古代イスラエルにおいて信じられていた神々と一致するのである。

古事記神話は、古代オリエントの神話で綴られた神々と、それらの神々への信仰が深かった国々も正確に表している。古事記神話に造化三神が記されているのは、時代背景が、神政政治を敷いた古代イスラエルだったからである。ヤハウェ信仰、ダビデ家の信仰、バアル教的な信仰は、オムリ王朝が北イスラエルと南ユダの両方を支配していた時代の信仰そのものだったからである。

古事記神話の神々は、造化三神のいずれかから派生したのであるが、それらは古代イスラエル人が持っていた信仰によく似ている。それゆえ、日本の神々と古代イスラエルの神々は同祖と言えるのである。

■日の神とアマテラス

高御産巣日神には「日」という漢字が当てられているので、太陽信仰と関係している。ソロモン王は、天の万象に対して祭壇を築き（列王記下21章5節）、太陽に香をたき、馬を捧げた（列王記下23章5節、11節）。それゆえ、エルサレムの神殿には厩舎があった。

伊勢神宮にも厩舎がある。現在でも白馬が厩舎で飼われている。アマテラスは日の神であるから、ソロモン王の時代の信仰と同じで、馬が神宮で祀られているのであろうか。その上、高御産巣日神は皇祖神である。先述したが、ダビデの星が刻まれて灯篭があることから、ダビデ家も祀っているのではないかと思える。どう考えても、偶然とは思えない。

スサノオ命系の神々の祖神である神産巣日神も、日神である。ウガリット神話には、太陽神シャパシュが存在する。この神は女神であり、バアルを助ける神である。北イスラエル王国のアハブ王がバアル教を信じていたため、古事記神話に記されているのである。エジプトのラーも太陽信仰である。

地中海の多くの民族は、太陽信仰をもっていた。彼らの多くは農耕民族だったので、太陽を信仰することはごく自然のことだった。また、フェニキア人など、海洋民族も大洋航行には太陽を使ったので、彼らの生活は太陽信仰と強く結びついていた。

天津神は、船ではるばる高天原から葦原にやってきた。途中海賊に襲われたり、病気になったり、台風に遭遇したり、危険の伴う事業だったに違いない。彼らは、船団の安全航行や事業の成功を太陽に祈願したであろう。アマテラス信仰は、そうした地中海の民族が古くからもっていた太陽信仰が皇祖神と融合した結果ではなかろうか。

■産巣の神

高御産巣日神と神産巣日神は、「日」だけではなく「産巣」という言葉も共通して表記されている。この意味は、古事記神話全体を読むと分かるが、神生みが天孫の歴史にあるからであろう。神から様々な目的や機能をもった神が生まれるのは、神が神社組織でもあるからである。古事記神話では、神は天皇が政治的事業をするための部下によって構成され、特別な目的を与えられている集団である。

また、神が神を産むのは、神自体が人だからである。先祖崇拝は、先祖を子孫が神として祀る。世代が重なるにつれ、神も増えていく。日本においては、神が増えることに抵抗はない。高御産巣日神も、天孫から、天皇家を祀る倭姫命などの神々や天皇が世代を経て増えていった。神産巣日神の場合も、スサノオ命から大国主神や大年神などが生まれた。

産巣の神は、ヘブライ人の信仰が子に受け継がれるという神ヤハウェ思想と、様々な事業や戦いに様々な神が生まれ活躍するというウガリット神話やエジプト神話、メソポタミア神話などに見られるヒューマニズムが融合した神の概念ではないかと思う。そのヒューマニズムが、天皇家とスサノオ命の末裔のみ対象とされて表現されたのが、古事記神話の物語である。従って、二つの王族が繰り広げる物語では、常にどちらかの王族が主役となり、発言する。しかし、王族の僕《しもべ》たちや敵は、脇役として出てくるだけで無言である。

■荒ぶる神々

荒ぶる神々は、神産巣日神を信仰した人々であった。この神の名称には「御」の文字がない。つまり、皇祖神である高御産巣日神を崇拝しない神であるということになる。また、天御中主之神にも属していないと考えられる。彼らの信仰はバアル教であった。

スサノオ命は荒ぶる神の祖であり、高天原にあってアマテラスの弟という地位にいたにもかかわらず、出雲に国を建て、アマテラスに敵対していた。荒ぶる神々は、スサノオ命らの子孫達であった。オシホミミ命は、出雲に荒ぶる神がいるのを知って、葦原に天降りするのを拒否した。出雲の勢力は無視できないぐらい大きかったと思われる。そこで、代わりに息子のニニギ命を天降りさせた。

古事記神話においては、天孫降臨の理由も、なぜオシホミミ命ではなく息子が葦原に移住したかの理由についても記述がないが、オシホミミ命が南ユダ王国第八代王ヨアシュであると考えると、上記の理由が分かるであろう。

■五穀豊穣の女神たち

日本書紀の神話では、アマテラスが月夜見尊《ツクヨミノミコト》に、保食神《ウケモチノカミ》に会うよう命ずる。月夜見尊はアマテラスに従い保食神に会うが、この神が口から飯を出したので、汚らわしいと怒って剣で殺してしまう。そのときアマテラスは怒って「お前は悪い神だ。もうお前に会いたくない」と言った。それ以来、日（アマテラス）と月（月夜見尊）とは一日一夜隔てて離れて住むようになったという。

保食神の死体からは、蚕稲粟小豆麦大豆が出て来た。今度は、アマテラスが喜んで言うには、「この物は人民が生きてゆくのに必要な食べ物だ」。そこで、粟・稗・粟・麦・豆を畑の種とし、稲を水田の種とした。

古事記の神話では、スサノオ命が阿波に向かい、大気都比売神《オオゲツヒメノカミ》に食を求めた際に、この女神の口鼻尻から食べ物を作ったことに腹を立て、その女神を殺害した。大気都比売神の死体からは、穀物が続々出てきた。神産巣日神の御祖命《ミオヤノミコト》（御母神という意味）は、これらの穀物を取られて五穀の種とした。

日本書紀では、保食神を殺害したのが月夜見尊で、保食神から成り出た穀物を種としたのはアマテラスである。しかし、古事記では、大気都比売神を殺害したのがスサノオ命で、大気都比売神から成り出た穀物をとって種としたのは神産巣日神の御祖命になっている。これはいったいどういうことなのか。

大気都比売神は、阿波（今の徳島）の神で保食神であり、蚕稲粟小豆麦大豆を司る。徳島は、秦氏が多く住んでいる地域の一つで、古くから養蚕が盛んであった。秦氏は、稲荷神社とのかかわりが深い。稲荷神社では宇迦之御魂神《ウカノミタマノカミ》、豊受毘売神《トヨウケヒメノカミ》、保食神、大気都比売神、若宇迦売《ワカウカメノ》神《カミ》、御饌津神《オオミケツカミ》などの穀物・蚕の神を主祭神としている。先述したが、ラビ・M・ケトイヤー氏は、秦氏は失われた十部族であったであろうと推論している（『聖書に隠された日本・ユダヤ封印の古代史』ラビ・M・トケイヤー著　久保有政訳　２４４～２７０Ｐ　徳間書店）。秦氏は、メソポタミアと関係が深いことから、豊穣の神を祀る特別な役割を天皇家から賜ったのであろう。

豊受毘売神は、イザナミ命が病に倒れたとき生まれた神である。イザナミ命の故郷は黄泉の国で、本書では南アラビアの古代イエメンとした。南アラビアのマアリブには、シバ女王の神殿とされる月の神殿跡が遺っており、当時、月神を信仰していたと思われる。豊受毘売神は、月に関わる神であると思われる。

神産巣日神の御祖命は、バアル教の大母神であろう。それは、メソポタミアのイシュタルであり、バアル教の大母神アシュタロテである。どちらの女神も起源は同じと考えられている。稲荷神社で祀られている豊受毘売神など豊穣の女神たちは、メソポタミア起源の豊穣の女神であると言えよう。

祇園祭の放下鉾見送りは、皆川泰蔵の絵「バグダッド」である。なぜ、祇園祭でメソポタミアの首都が祀られなければならないのか、不思議である。けれども、われわれの先祖のなかに農業技術や織物技術を日本に伝えたシュメール人や、秦氏のようにメソポタミアの地域から移住してきた民が存在したことを古事記編纂者が知っていて、古事記神話に神々として記録したと考えれば合点がいくのではないだろうか。

■アマテラスが日の神になった根拠

食物の女神に関わる古事記の神話も日本書紀の神話も、五穀豊穣の女神から農産物が成り出た後に、それらが五穀の種となったという内容である。しかし、これらの神話は、同じ内容にも関わらずその意義が異なっている。

古事記の神話においては、スサノオ命が大気都比売神を殺害する。従って、スサノオ命の神格が大気都比売神のそれより高い。古事記においては、スサノオ命が農業の最高位の神格を得ている。

スサノオ命は、北イスラエル王国のオリム王朝で、主要産業は農業であった。しかし、南ユダ王国の領地は、荒野が多く、主要産業は酪農、商業、軍事産業、行政や神事に関わる事業であった。

日本書紀の神話においては、保食神はアマテラスが支配しており、スサノオ命の農業神の最高位はもはやない。アマテラスは、南ユダ王国の王族の末裔なので、メソポタミア神話のイシュタルと同格ではない。あくまで、アマテラスは皇祖神であり、倭の最高神であり、日の神である。それゆえ、五穀豊穣の女神よりも神格は上である。太陽の光がないと農作物が実らないからである。

日本書紀の神話は、アマテラスが、皇祖神であるだけでなく豊穣女神に豊かな産物をもたらす日の神になった根拠を示していると思われる。そして日本書紀の編纂後に式年遷宮が開始され、アマテラス（金の座）と豊受毘売神（米の座）が伊勢神宮の内宮と外宮でそれぞれ祀られるのである。

4　神と命は高天原の王族や貴族である

古事記において、人が神になるためには、天皇から神号が与えられる必要があった。裏返せば、天皇や神祇官がこの人は神だと宣言すれば神になることができたのである。例えば、古事記神話では、イザナギ命が、黄泉の国でイザナミ命の軍勢と戦った時に、意富加牟豆美命《オオカムズミノミコト》に助けられ、神号を与えた。

また、古事記以外でも人は神になることができた。徳川家康は、天皇から東照大権現の神号が与えられ、神となって、日光東照宮で祀られている。豊臣秀吉は豊国大明神となり、全国の豊国神社で祀られている。織田信長も、明治時代まで神ではなかったが、明治天皇が建勲神号を与えたため神となって、建勲神社で祀られている。新井白石は、自らの著書『古通史』のなかで、「神は人なり」と言ったが、なるほどと思わされる。

アマテラスに大御神の神号が与えられているのは、高天原から太子オシホミミ命の息子ニニギ命を葦原に降臨させたからである。古事記編纂者は、スサノオ命も神とした。ただし、神は神でも荒ぶる神である。スサノオ命は、アマテラスに一切善行を行っていない。ただ唯一、八俣大蛇を退治した際に、草薙剣をアマテラスに献上しただけである。それでも、スサノオ命は高天原の命であったし、その子孫の大国主神なども神であった。

古事記神話における神や命は、高天原の王族や貴族である。とりわけ、命は高天原の王に関係する人物である。王妃の場合もある。オシホミミ命は、高天原の太子であったことからもそれが言える。ニニギ命は天皇家の先祖であり、高天原の太子の子であったから、日本の天皇は、古代イスラエルの王族と血縁関係があることになる。そうなると、神道が古代イスラエルの宗教と類似していることも納得できるし、日本の風習とイスラエルの風習がよく似ているのもうなずける。

古事記神話の神や命は、超人間的な力を持つ高天原の王族や王族の命令で葦原に来た人々であった。狩猟採取の生活を送っていた葦原の人々にとっては、当時の葦原人が想像を超える能力を持った人々として宗教的な崇拝・信仰の対象になったのである。

古事記編纂者は、造化三神のいずれかの神を信じた古代オリエント諸国の人々を神や命と呼び、彼らの子孫も神と呼んだ。それゆえ、神には常に外国から来た宗教、及びその宗教を信じていた者という概念が込められている。

古事記神話においては、神は高天原の王族に関係する人物で、天津神として、国津神と区別されている。国津神は、イザナミ命やイザナミ命の時代に、高天原の人々が葦原に来て原住民、すなわち縄文人や弥生人と混血して生まれた人々である。彼らは、王族の血を引いていない者も多かったであろう。日本に移住した天津神や国津神は、高天原の神の道を守り、天皇制を今日まで存続させた日本人の先祖なのである。

第三章　古事記神話とその史実性

1　オムリ王朝は実在した

■旧約聖書のオムリ王朝と古事記神話

古事記神話が旧約聖書の歴史をもとに読めるということを主張してみても、実際にオムリ王朝の存在が考古学的に確認されていなければ意味がないことになってしまう。旧約聖書の列王記や歴代誌には、ダビデ王から北イスラエル王国と南ユダ王国の最後の王の歴史が綴られている。これらの王のうち、古事記神話に関係する王が存在しないことには、古事記神話が真書であるということにはならないのは明白である。

聖書考古学の資料で比定すると、ダビデ王・ソロモン王の時代から北イスラエル王国と南ユダ王国の滅亡までの歴史は多くが史実と一致することが証明されており、旧約聖書はその時代の歴史書としての役割も果たしている。旧約聖書には、ところどころ自然界・人間界では不可能な記述や非科学的な現象があるのは確かであるが、それがために旧約聖書の内容すべてが全くのでたらめだということにはならないだろう。むしろ、旧約聖書に並ぶ一次史料となる書物がほとんどないのが事実であり、紀元前十世紀から紀元前九世紀までの歴史は、旧約聖書なしでは語れないのが実情である。

聖書考古学の範囲は、古代オリエント諸国全体に及ぶ。神ヤハウェは、古代イスラエルの神であるが、その周辺の国々に対しても、その影響が及んでいた。

周辺諸国の王の残した碑文が、エジプト、シリア、イラク、イランなどで数多く発見された。それらの碑文には、当時使われた文字が刻まれており、イギリス、フランス、ドイツなど多くの研究者がその解読を試みた。結果、古代エジプト文字、古ペルシャ文字、エラム文字、アッカド文字、ウガリット文字、古代ヘブライ文字などが解読されるようになり、碑文に刻まれた文書が数千年の時を経て現代のことばに翻訳されることとなったのである。

■古代イスラエルの南北分裂の歴史の証明

聖書考古学は、一七九八年、ナポレオン遠征軍がピラミッドの戦いでロゼッタ石を発見したことから始まった。その石碑は、古代エジプト文字の神聖文字と民衆文字、そして古代ギリシャ文字で書かれていたため、古代エジプト文字の解読の鍵となった。

一八二二年、フランス人シャンポリオンは、ロゼッタ石に記された古代エジプト文字の解読に成功。その後、古代エジプトの碑文研究が盛んに行われるようになった。

アビドスで発見されたエジプト第二十二王朝のシシャク王の石碑には、ソロモン王の死後、南ユダ初代国王レハブアムの治世五年（紀元前九二五年）にエルサレムを攻め、ダビデ王・ソロモン王が蓄えた財宝を神殿・宮殿から奪い取ったことが記録されている。ソロモン王の死後、エジプトのシシャク王は、古代イスラエルの分裂を知り、東方貿易やアフリカ貿易で蓄積した黄金を盗み出した。この碑文の記録と、旧約聖書の列王記上14章25にあるエルサレムの財宝強奪事件の記述が一致するのである。

シシャク王の碑文により、古代イスラエルの南北分裂は確認された。そして、南ユダ王国初代王レハブアムの存在もゆるぎないこととなった。

■北イスラエル王国第十代王イエフの存在

一八四六年にイラク北部のニムルドで出土したブラック・オベリスク石碑のレリーフ二段目には、北イスラエル第十代王イエフが、紀元前八四一年、シャルマネセル三世に貢物をしたことが記されている（『聖書考古学』長谷川修一著　164〜165P　中公新書）。この史は、旧約聖書には記されていないが、シャルマネセル三世がフェニキア都市国家と北イスラエル王国に貢納を課したのは事実と見られている。

先述したが、イエフは、北イスラエル王国のオムリ王朝を滅亡に追いやったアハブの元部下である。ブラック・オベリスクにより、イエフとオムリ王朝が実在することが明らかになった。イエフのアハブ王家鏖殺《おうさつ》事件に端を発したアタリアのダビデ家鏖殺事件も現実味を帯びる。

■ダビデ家の碑文の発見とオムリ王朝の存在

一九九四年、ダビデ家の碑文は、ヨルダン川上流域にあるテル・ダンで発見された。この碑文が刻まれた石碑は、テル・ダン石碑と呼ばれ、旧約聖書以外で「ダビデ家」という名称が確認できた初めての考古学的資料であった（『聖書考古学』長谷川修一著　151～161P中公新書）。その碑文には、ダビデの血を受け継いだ南ユダ王国のアハズヤ王と、おじの北イスラエル王国のヨラム王の名前が含まれていた。この碑石が発見された当時、偽物である疑念が掛けられていたが、現在では正式な石碑とされている。

また、一八六八年、ドイツ人クラインは、モアブ石を塩の海東部デイポンで発見した。この石碑に書かれた史は、ほとんどがヘブライ語で、モアブ王のメシャがオムリとその息子アハブに奪われていた町々やガド人が住んでいたアタロテを奪回し、住民をモアブの神ケモシに捧げ、南のホロイナムまで進撃したことが確認されており、列王記下3章4に記されている事件と一致する。

この列王記には、北イスラエル王国第九代王ヨラムが、モアブがイスラエルに反旗を翻したことに対して戦を起こしたことが記されている。南ユダ王国第四代王ヨシャファトは、この戦にヨラム王とともに参加した。ヨラム王は、南ユダ王国第五代王ヨラムとは別人で、サマリアで十二年間王であった。このように、モアブ石は、サマリアとエルサレムの王に君臨したオムリ王朝が存在したことを示す貴重な考古学的資料となった。

残念ながら、南ユダのヨアシュ王が存在したことを直接証明する考古学的資料はまだ出てきていない。一度、ヨアシュの名の入った碑文が発見されたことがあるが、その碑文は研究者の検証により偽物であることが判明した。

2 出雲神話とウガリット神話の共通点

■ウガリット神話の歴史

一九二八年、シリア西部の港湾都市ウガリットで墳墓が発見された。発掘が進むに連れ、ウガリットは、メソポタミアのウルなどまで通じる交易路の出発地点であることが分かった。その遺跡の丘には、バアルの神殿とダゴンの神殿があり、多くの住居跡も発見されている。当時、ウガリットで神聖政治が実際に行われていたことがうかがえる。

この発掘で最も重要な発見は、多数の宮殿や住居と王の二つの図書館であった。そこには、楔形文字を簡易化したウガリット文字で書かれた粘土板（ウガリット文書）が数多く保存されていた（『ウガリトの神話　バアルの物語』谷川政美訳　10～26P　新風舎）。これらの粘土板文書は、外交文書、近隣諸国との往復書簡、裁判記録、不動産取引記録、教科書、ウガリット神話集であり、当時の王族の政治や生活の実情を知る貴重な資料であった。

なかでもウガリット神話集は、ヘブライ神話と類似点が多く、ユダヤ教聖書や旧約聖書に影響を与えた。旧約聖書の知恵書と呼ばれる詩編、ヨブ記や箴言などの文体と共通点が多いことが分かっている。また、北イスラエルと南ユダを支配したオムリ王朝が、サマリアとエルサレムにバアル教を広めたが、それがどのような思想に基づいていたのかを知る重要な資料にもなっている。

ウガリット神話は、楔形文字で書かれていたことから、メソポタミアの強い影響を受けていたことがうかがえる。メソポタミア神話イシュタルがウガリット神話の神に加えられていることからも、それがうなずける。この女神は豊穣の神であり、金星を象徴する明星神で、ローマ神話のビーナスやギリシャ神話のアフロディーテの原型とも言われる女神である。また、イシュタルは、ウガリット神話だけでなく、エジプト神話にも盛り込まれている。ギリシャ神話のビーナスも、メソポタミア神話イシュタルが起源であろう。豊受毘売神などの五穀豊穣の女神も、この女神と関係していると思われる。

ウガリット神話は、バアル教のもとになった神話である。シドンのエト・バアルやアハブに嫁いだ娘イザベル、そしてエルサレムに嫁いだ孫アタリアは、バアル教を熱心に信仰していた。彼女達が、夫である国王にバアル教を勧めたために、北イスラエル王国も南ユダ王国もバアル教の祭司達を受け入れ、異教の儀式が行わることになったのである。

■ウガリット神話と出雲の神話

バアル教のもとになったウガリット神話は、出雲の神話と関係が深い。われわれ日本人にとってウガリット神話はなじみのないものであるが、両者には驚くほど接点がある（『ヘブライの神話』矢島文夫著　153～179P　筑摩書房）。

ウガリット神話には八俣の大蛇に似た神話がある。異なるのは、大蛇の頭の数である。レビヤタンは、頭が七つあった。大蛇はレビヤタンと呼ばれ、旧約聖書にもしばしば出てくる。また、バアルとは「主」と言う意味である。大国主神、事代主神、大物主神と、出雲系の神々に「主」がつく神々が多いのは、バアル教の影響を受けているからではなかろうか。

バアル神は、稲妻の神である。雷を起こす雲は、バアルを表す自然現象として深いかかわりがある。バアルは雲に乗って移動する神であり、出雲という言葉はバアル神から来ていると考えられる。

さらに、神殿建設について興味深い神話がある。バアルが最高神エルから神殿建設の許可を得て、エジプトのメンフィス出身のコシャル・ハシスという技術の神に神殿を建設させる。この神は、バアルに棍棒を作った男神である。

コシャル・ハシスは、神殿に窓を造ることをバアルに提案するが、バアルは、仇敵ヤムが窓から入るとか、妻たちが窓から出るといいがかりをつけてこれに反対する。そして神殿が完成し、バアルは神々を呼んで宴会をする（『ウガリト神話　バアルの物語』谷川政美訳　32～42P　新風社）。

出雲大社において、十月は「神在月《かみありつき》」といって、全国から神々が集まると信じられている。大社の荒垣内には十九社があり、神在祭には社の窓が開かれることになっている。この祭りは、コシャル・ハシスの神話によく似ている。

ウガリット神話の内容は、スサノオ命を祖とする出雲を理解する上で極めて重要な資料である。この宗教の知識なくして、北イスラエル王国と南ユダ王国の宗教的対立はもとより、古事記神話におけるアマテラスとスサノオ命の対立の根源を理解することは不可能といっても過言ではない。筆者は、長年古事記神話が解読されなかったのは、スサノオ命が誰なのかを特定することが困難だったからだと考えている。

3　シュメール人は葦原に移住したのか

■シュメール人の海外進出

シュメール人の国家は、ウルク、ウル、ラガシュ、ニップルなど、チグリス・ユーフラテス川の下流域の栄えた都市国家であった。なかでもウルクは第一王朝から第六王朝まで続いたシュメールで、早くから栄えた最大の都市国家であった（『シュメル——人類最古の文明』小林登志子著　中央公論新社）。

ギルガメッシュ叙事詩で有名なギルガメッシュ王は、紀元前二六〇〇年頃にウルク第一王朝時代に実在した王だと考えられている。その後、ウルにも王朝（第一王朝から第三王朝）が生まれた。シュメール都市国家はお互い独立していたが、ウルク第三代王ルガルザゲジのように、他の都市国家を討ち、併呑していった時代もあった。

ギルガメッシュの時代より前のおよそ紀元前三五〇〇年に、シュメール人は、メソポタミアからインドのハラッパやモヘンジョダロまで外洋船で航行し、交易をしていたことが分かっている。彼らは、最初に海外貿易を手掛けた民族であるといってよいかもしれない（『十六菊花紋の謎　日本民族の源流を探る』岩田明著　徳間書店）。

では、どこから外洋船を建造する材木を調達したのだろうか。シュメール人は、船の材料となるレバノン杉をフェニキアやシリアから仕入れた。そして、板を組み、板と板の間をアスファルトで防水する技術を施して大洋向けの船を建造することができたようである。紀元前二三五〇年頃には、シュメール人は船長十二メートル、幅三メートル、深さ二メートルの帆船を建造していた。その船でインドや南アラビアに航海していたのである。

ギルガメッシュ叙事詩には、主人公のギルガメッシュが、親友のエンキドゥにフンババというレバノン森の番人を倒すことを持ち掛けるという神話がある。二人はフンババを退治し、船を造り、フンババの首を持ってウルクへ帰る。彼らは、シリアに行ってレバノン杉を手に入れたと思われる。メソポタミアは、紀元前三五〇〇年頃から、シリアのウガリットと交易があったからである。また、その叙事詩には、大洪水の神話が記されている。ウトナピシュテムは、エア神から、大洪水によってすべてを水没させるという神の計画を聞く。そこで彼は、家族や友人、および財産や家畜を救うために船を建造する。そして大洪水が起きる前に彼の家族たちや財産家畜を船に乗り込ませたため、水没から逃れることができた。これは、旧約聖書のノアの箱舟の物語によく似ている。

ところが、紀元前二三〇〇年頃、アッカドのサルゴンがルガルザゲジを捕らえ、シュメールとアッカドを統一する。アッカド帝国の誕生である。サルゴンは、東は今のイランまで進み、エラム人の王を支配し、西は今のトルコのアナトリア南東部まで支配を拡大した。サルゴン帝国の出現により、シュメール都市国家の王族は殺されるか、サルゴンのために役人として働かなければならなかった。そのため、王族たちの中には、船を使ってペルシャ湾に出た者も少なくなかった。サルゴン王も海までは追って来ないと知っていたからである。彼らは、南アラビアやインド、さらに東の島々や南の島々に生活の拠点を求めて航海したのである。

■ペテログラフに刻まれたシュメール文字

ペテログラフとは、古代人が石や岩に刻んだ石絵のことで、しばしば文字を含む。また、古代人の風俗や文化を知る考古学資料でもある。日本のペテログラフで特に有名なのは、山口県下関市にある彦島八幡神社にあるペテログラフである。石に書かれたシュメール文字は、神への感謝を表しているといわれる（『日本のペテログラフ』吉田信啓著　85〜88Ｐ　ロッコウブックス）。山口県以外の西日本でも、シュメール文字が刻まれたペテログラフが数多く発見されている。

シュメール文字は、シュメール人によって使われていたウルク古拙《こせつ》文字をもとに長い年月を経て簡素化されて成った文字である。ウルク古拙文字は、紀元前三二〇〇年前にウルクで使われていた文字である。紀元前二五〇〇年頃は、シュメール文字は千字が使われ、紀元前二〇〇〇年頃は四百字から二百字とさらに簡素化が進んだと考えられている。シュメール文字は、アッカド語、エラム語、ヒッタイト語、ウガリット語に借用された。

ウルク古拙文字が刻まれた石碑が彦島八幡神社にあるのは、いったいどういうことだろうか。シュメール人が、メソポタミアの地からシュメール船に乗って日本に来たのではないか。年代ははっきりしていないが、紀元前二〇〇〇頃と推定されている。先述したが、シュメール人は、アッカドに支配された。その後、西のアモリ人や東のエラム人の侵入が激しくなり、貿易船で海外に脱出したシュメール人の王族も少なくなかったであろう。インド、東南アジア、日本、オセアニア、なかには、太平洋を越えて、アメリカ大陸に到達したものもいた。彼らの航行履歴は、ウルク古拙文字やシュメール文字が刻まれたペテログラフを調べれば分かる。

ハーバード大学バリー・フェル教授は、ペトログラフの研究で世界的に知られている権威である。彼によると、日本にもシュメール人が移住した痕跡があると主張している。世界のペテログラフの解読の研究から、シュメール人は、メソポタミアから東南アジアの島々や日本へ移住しただけでなく、島伝いにオセアニア大陸、遠くはアメリカ大陸まで航行したことが明らかになってきた。

農業技術に長けていたシュメール人は、麦、たまねぎ、にんにく、レタス、にら、辛子を栽培し、牛、羊、ヤギ、豚などの家畜を飼育し、養蚕も知っていた。灌漑設備や脱穀機も発明していた。また、彼らは、土木、農業、造船、牧畜、神殿建築などあらゆる分野で、高い技術を持っていた。行政、政治、文学、医学、芸術についても、当時、他のどの文明より高い水準を誇っていた。

シュメール人は、神殿を建築したり、灌漑施設を建てたり、外洋船を建造したり、人を使って事業をすることが得意だったようである。人をまとめるには、神話と神殿が必要だった。神への信仰があってこそ国家の運営ができたのである。

■シュメール船はインドから日本に約四か月で来ていた

平成三年（一九九一年）一月八日、岩田明氏は、ルーブル美術館所蔵のメソポタミア遺跡から出土した粘土板に出会った（『新日本人起源説　消えたシュメール人の謎』岩田明著　徳間書店）。それには、世界最古の古代シュメール船建造のための詳しい材料表が楔形文字で刻まれていた。この材料表は、紀元前約二〇〇〇年のもので、ウルの町で発見された。

岩田氏は、この材料表をもとに自重三十トン級の古代シュメール船の復元を思いついた。船の建造は、インドのケララ州コジコーデ（かつてカリカットと呼ばれていた）の南十五キロメートル、ベイプール村に住む古代のシュメール船建造技術を受け継いだ船大工に任せた。

ひとつ興味深いことは、ベイプール村は、コーチンからわずか百キロメートルしか離れていない。コーチンは、古くからユダヤ人が住んでいたことがわかっている。地元の言い伝えによると、ソロモン王の船がコーチンの港に着いたという。

募金や自費で資金を集めた岩田氏は、ベイプール村でシュメール船建造を開始した。平成三年（一九九一年）六月十八日、キール・レイの行事（竜骨となる木材に小さな溝を掘る地鎮際の船版のような宗教的行事）から、平成四年一月二十五日に進水式が行われるまで、約七か月を費やした。完成したシュメール船は「キエンギ号」と命名された。キエンギとは、シュメール人の部族名である。

平成四年（一九九二年）三月十七日、岩田氏は、現地で七人のクルーを雇い、自らキエンギ号の船長となり、インド最南端の地ケープ・コモリンに向けてコジコーデの沖から帆を張った。エンギ号は、順調にケープ・コモリン（三月二十七日）、コロンボ（四月六日）、シンガポール（四月二十七日）、台湾（六月十一日）に寄港した。

ところが、六月十六日、日本の海域に入って間もなく久米島の沖で時化《しけ》に遭い、転覆してしまった。乗組員は全員海に投げ出され、岩田氏は脚を切る大けがを負った。自衛隊が空から救助に当たった。岩田氏達の周りをサメが回遊していたそうである。救助が遅れていたら、サメの餌食になったかもしれない。

残念ながら、キエンギ号のミッションは、インドのケララ州から日本の久米島までの航海で終わってしまったが、岩田氏のチャレンジは、古事記神話の謎を解く上において有意義な情報を与えてくれた。古代シュメール船で、インドから日本まで約四か月もあれば到達できるということが、岩田氏の体験を通じて証明されたのである。

ダビデ、ソロモン王のタルシシ船は、古代シュメール船より千年後に建造されているので、船体も大きくなり、航行速度も改善されていたと考えられる。もしかすると、インドから日本へは三か月程度で航行できたかもしれない。また、インドのケララ州には、今なお古代シュメール船と同様の帆船が造られていることから、このインドの地域が、東南アジアや日本への航海の拠点になっていたのではないかと思える。

4　フェニキア人は葦原に移住していたのか

■突然海の民になったフェニキア人

ウガリットは、紀元前十三世紀から十二世紀にかけて海の民に侵入され、滅んでしまった（『聖書考古学』長谷川修一著　126~128P　中公新書）。鉄器を発明したヒッタイトも、海の民に滅ぼされた。海の民はエジプトにも侵入し、都市を荒らした。古代イスラエルも、ギリシャのクレタ人やペリシテ人侵入にたびたび悩まされた。

海の民は、地中海の海賊であった。彼らは、それまでの船舷《せんげん》の低いエジプトのクフ王のような船ではなく、大洋の波に耐えうる竜骨船に乗り、地中海を思うままに航行した。レバノン杉を使った竜骨船は、海をすべるように走った。この船があれば、外洋はどこへでも行けた。彼らは竜骨船を操り、やがてアフリカやアジア、そして大西洋を越えてアメリカ大陸への航海に挑んだ。この時代には、それまでより高速でかつ遠くまで航行できる船が海の民によって独占されていたことが分かる。ウガリットやヒッタイトは、海の民が所有する竜骨船を持っていなかったため、海の民の侵入になすすべなく滅んだと思われる。

紀元前一二〇〇年頃にウガリット王国が滅ぼされた後、海の民はウガリットの南二百キロメートルに位置するフェニキアの地に住み着き、先住民と混血した。優秀な船大工、航海士、商売人がエジプト、イスラエル、メソポタミア、ギリシャ、アラビアから大勢フェニキアにやってきた。というのも、レバノン大杉が、多くフェニキアに樹生していたからである。レバノン大杉は、樹齢二千年から三千年で直径四～六メートル、長さ四十メートル以上のものも少なくなかった。この大木を使って竜骨船が建造されたのである。フェニキア人は、古代イスラエル人同様、もともと農業・牧畜を営む民であったが、海の民との混血により、紀元前十三世紀頃から突然海の民となっていった（『フェニキア人　古代海洋民族の謎』ゲルハルト・ヘルム著関楠生訳　86P　河出書房新社）。

フェニキアは、紀元前十世紀ごろから隣の古代イスラエルとも交易をした。ダビデは竜骨船をフェニキアから調達し、アラビア、インド、アフリカ、東南アジアに航海して貿易を行った。また、ダビデの宮殿はレバノン杉をフェニキアから輸入しており、多くの大工もその隣国から雇った。

ソロモン王の時代、ティルスの王ヒラムは、優秀な工夫ヒラム（王と同じ名前）をエルサレムに送った。工夫ヒラムは、神殿の柱や鋳物、洗盤などの銅製神具を造った（列王記上7章）。フェニキア人の建築技術なしにエルサレムの神殿や宮殿の存在はなかったといえる。ダビデやソロモンは、フェニキアの技術を高く評価していた。この時代、フェニキアは神殿や宮殿建設、竜骨船建造、織物、ガラス製造など、あらゆる産業分野で最も高い技術を誇っていたと考えられる。

■フェニキアの船団はオセアニアまで来ていた

西暦二〇〇〇年、オーストラリア・クイーンズランド州の考古学者ヴァル・オズボーンが、フェニキア人による紀元前一〇〇〇年頃の銅の鉱山と港を発見した（ホームページ Phoenicians in Australia）。これが事実なら、ヒラム王の船団か、またはそれ以前の船団が、インドより東に鉱物を求めて航海したことを証明する根拠となり得る。

ヒラム王の船団がオーストラリアまで航行していたなら、タルシシ船もオセアニアに来ていただろう。南太平洋のメラネシアにソロモン諸島という島があるが、この島とソロモン王とが関係していると考え、研究している学者もいる。

ヒラム船団やタルシシ船団がオセアニアにまで到達できたなら、インドネシア、フィリピン、台湾、日本まで航行することは十分可能である。フェニキア人は高度な航海技術を持った海洋民族であり、東南アジア、オセアニア、日本の海洋地理を詳しく知っていたと考えても不思議ではない。

■シナイ文字が刻まれたペトログラフ

吉田氏が発見したペテログラフの中には、シナイ文字が刻まれているのもあった。熊本県西原村俵山や菊池市の菊池神社境内にあった岩にシナイ文字が刻まれていた（『日本のペテログラフ』吉田信啓著　１６８〜１７６P、２０１〜２０２P　ロッコウブックス）。これは何を意味するのだろうか。

シナイ文字とは、一九〇五年にシナイ半島で発見されたアルファベットの基になったとされる文字である。古代エジプトの神聖文字から生まれた文字で、紀元前一七〇〇年ごろから現在のエジプト、イスラエル、シリア、レバノンとトルコに及ぶ東部地中海沿岸地域で使われていた。シナイ文字が刻まれた石碑は、シュメール古拙文字と混在していることが多いことから、筆者は、地中海のフェニキア人や古代イスラエル人たちは、東南アジアや日本の海洋事情に詳しいシュメール人を船乗りとして雇っていたのではないかと推測している。おそらくインドには、高い造船技術と東南アジアから日本までの航行知識をもっていたシュメール人が大勢いたであろう。

出雲大社裏山では、「神―王―尊」と解読できるペテログラフが見つかった。刻まれた文字は、フェニキア人、古代イスラエル人、シリア人など、西セム系の海洋民族が使っていたものらしい。この発見は、本書で説明したスサノオ命がオムリ王朝の末裔である仮説の根拠になるかもしれない。また、セム系の言語を使う南アラビア人やエチオピア人など、サバ王国からも渡来人が移住してきた可能性が十分にある。

彼らは、ユダのエジオン・ゲベル港を出発し、次々と大洋を渡り、インドを経由してシュメール人と合流し、西南諸島海域に入り、沖縄の沖の対馬海流に乗って北九州及び中国地方西部にたどり着いたのではないか。

5　古代イスラエル人やシバ王国人は葦原に移住したのか

■オフィルという謎の金市場

ソロモン王も、ダビデ王の創業したタルシシ船団を運営していた。船団は、エジオン・ゲベル港から出発し、紅海を下り、オフィルという地にたどり着いた。そこには金市場があった。オフィルがどこだったかは、はっきりしていない。アフリカのザンジバル海岸、インドのマラバル（インド西南部、ゴア州からコモリン岬までの海岸で、コーチンを含む）、南イエメンのうち、どれかだと考えられている（『新版聖書の歴史』サムエル・テリエン著　小林宏、船本弘毅訳　32～33P　創元社）。タルシシ船団の輸入品の中に、インド原産の象牙や孔雀が入っていたため、船団は遠くインドまで航海していたことはほぼ間違いない。

筆者は、オフィルは、インドのケララ州コーチンであると考えている。そこには、現在でもユダヤ系のインド人が多く住んでいるうえ、ソロモンの船団が来たという伝説もある。遠い昔、彼らが東方貿易の東の拠点としてダビデやソロモンの欲する商品を調達していたと考えられる。

■タルシシ船団は日本に来ていたのか

ダビデ王は、紀元前十世紀にタルシシ船団を組み、アカバ湾からアフリカ、アラビア、メソポタミア、インドへタルシシ船団を送り、盛んに貿易を行った。なかでも金は、もっとも重要な輸入品だった。古代イスラエルは、海洋貿易により富を蓄積していった。

ダビデは、古代イスラエル初代王サウルに殺されそうになるが、ペリシテ人と交わり、兵士となってサウルの追手をかわす。彼はそこで、ペリシテ人の使っていた竜骨船に出会ったであろう。

息子のソロモン王の時代には、ダビデの手掛けた海洋貿易の規模を拡大して、大量の金銀宝石類、木材、香辛料などを輸入する。タルシシ船団だけでは足りず、フェニキアのヒラム王に竜骨船を造らせた。ヒラムも船団を組み、ソロモン王とともに東方貿易を行った。

ソロモン王が建てた神殿及び宮殿は、金がふんだんに使われた壮大なもので、エジプト、アラビア、アッシリアに知れ渡り、謁見者が後を絶たない状況だった。

また、南アラビアとの香料ビジネスで莫大な資産を持っていたシバの女王を側女《そばめ》として娶り、その地と経済交流も盛んに行っていた。陸上では、エジプト、ヨルダン、シリアなど、イスラエルの周辺諸国を結ぶ商業道路も整備した。ユダ領地のアカバ湾に面したエラトは海外貿易港エジオン・ゲベルすぐ近くにあり、重要な商業拠点でもあった。

タルシシは、ヤワンの子が移住した場所と言われている（創世記10章4節）。ヤワンは、大洪水の発生を信じて箱舟を作成したノアの次男である。タルシシは、箱舟建造の技術と航海の知識を受け継いだ海洋民族だったと思われる。また、ティルスは、タルシシの娘と呼ばれており（イザヤ書23章10節）、これはタルシシがそこと交易したことを意味し、フェニキアと関係が深かったことがうかがえる。ソロモン王の治世は、彼らが最も活躍した時代と思われ、ティルスのヒラムと共にインドまで商いを行う東方貿易を行っていた。おそらく、ダビデの時代から、信頼されていた海洋貿易を生業とした一族の名称だったと思われる。

インドからさらに東の地域は、一般的に火山活動が活発な地域で、金鉱山が多い。インドでも金鉱山はあったろうが、当時未開の土地であったインドネシアや日本などにタルシシ船で行き、砂金や山金から金を採るほうが、古代イスラエルから金と交換する商品を持たなくて済んだはずである。航海士、船、食料品などを用意すれば、現地では全く価値が知られていない金が手に入った。これが、金を大量にコストをかけずに手に入れる方法である。

当時、エジプトがアフリカの金市場を独占していた可能性がある。ダビデ王・ソロモン王は、アフリカでの金採取をするとエジプトと争いになるのが分かっていたため、エジプトも原住民も入ったことのない東南アジア、オセアニア、日本の金鉱山に目を向けたのではなかろうか。

日本の金鉱山に関しては、菱刈金鉱山が有名であるが、九州や四国には、かつて金鉱山として活躍していた鉱山がいくつもあった。また、古事記神話の国生みでリストアップされた佐渡も有名な金鉱山だった。

インドネシアのボルネオ島には、世界最大のグラスベルグ金鉱山やセンパカダイヤモンド鉱山がある。フィリピンもミンダナオ島のタンパカン金鉱山が有名であるが、他の島々にも金銀銅の鉱山やダイヤモンド、ルビー、サファイアなどを産出する鉱山が多数あった。

ダイヤモンドは、祭司長の装飾品として必要な宝石であったが、当時はインドネシアで採れたので、タルシシ船団がインドネシア産のダイヤモンドを手に入れたのではないか。ダイヤモンドは、南アフリカが有名な産地であるが、そこのダイヤモンド鉱山はかなり内陸にあるので、タルシシ船団が南アフリカ産のダイヤモンドを入手できたか疑問に思う。

タルシシ船団の船員は、これらの金鉱山近くの川で砂金を採取したり、金鉱石から山金を抽出し金塊に変えて木箱に詰めて船に乗せ、インドに戻ったのではなかろうか。そこから、その金塊とインドや他の地で調達した材木、宝石類、孔雀やサルなどの珍獣とともにユダ族の領地内にあるエジオン・ゲベルの港へ運んだのであろう。最終的にエジオン・ゲベルに陸揚げされた輸入品は、ラクダやロバの背に負わせて、エルサレムのダビデやソロモン王のもとまで運ばれたと考えられる。

■シバ王国の海外貿易

紀元前十五世紀の古代エジプトハシェプト女王の時代は、エジプトと南アラビアの間で盛んに貿易が行われていた。貿易品の中心は、宗教儀式に欠かせない薫香《くんこう》や乳香《にゅうこう》などの没薬《もつやく》で、他には金や木材であった（『古代エジプト文明の謎』吉村作治監修　150〜151P　光文社文庫）。

紀元前二〇〇〇年には、すでにシュメール人がシュメール船を駆使してインドや南アラビアと交易をおこなっていた。南アラビアでの香料貿易の歴史は、思いのほか長い。

エジプトが南アラビアに行くには、紅海に出る必要があった。彼らは、船を一度解体し、ラクダやロバに曳かせ、クセイルの海岸にたどり着くと再び組み立てて紅海を渡っていた。ハシェプト女王は、今のソマリアと考えられるプントとも交易をしていたのである。

先述したが、紀元前十世紀には、シバ王国は、隣国古代イスラエルと交易していた。シバの女王は、ソロモンの側女となった。彼女は、ソロモンに会うために、国中の船を集め、香木、真珠、宝石を積んでエルサレムまで旅をしたという言い伝えが残っている（『ヘブライの神話』矢島文夫著　116～118P　筑摩書房）。シバ王国は、豊富な資金を利用し、優れた航海士を雇い、頑丈な外洋船を所有したであろう。紀元前十世紀より以前から、エジプト、古代イスラエル、フェニキア、メソポタミア、インドなどと海外貿易を営んでいた。日本や東南アジアの海をすでに知っていたのではなかろうか。

6　古事記神話は旧約聖書で読める

■古事記神話を読み解くための史料

これまで説明してきた古事記神話と旧約聖書の接点は、古事記神話の神話を解読する上で重要な情報である。これらの接点を利用することで、漢籍からは得られない「いつ、だれが、どこで、どのようにして」という物語の構成を構築することが可能になる。言い換えれば、古事記神話は、旧約聖書のオムリ王朝の歴史を知ることで、分からなかった史実が鮮明にあぶりだされることになる。そのためには、古事記神話の内容とオムリ王朝の歴史、さらにダビデ・ソロモン王の歴史を同時に念頭に置く必要がある。加えて、バアル教と関係の深いウガリット神話を知ることで、スサノオ命がオムリ王朝の王族であることの理解が深まる。

古事記神話の史料については、本著で使用した『古事記（上）（中）（下）全注訳』（次田真幸訳　講談社学術文庫）を推奨するが、古事記神話の優れた現代語訳が中心の書籍、例えば、『古事記』（梅原猛著　学研M文庫）もお勧めしたい。

旧約聖書は、日本聖書協会が出版している『新共同訳　聖書』でも、日本聖書刊行会が出版している『新改訳　聖書』のいずれでもよいと思う。

フェニキアの歴史については、『フェニキア人　古代海洋民族の謎』（ゲルハルト・ヘルム著　関楠生訳　河出書房新社）、バアル教のウガリット神話を知るには、『ヘブライの神話』（矢島文夫著　筑摩書房）が最適であるが、バアル神がどういった神かを詳しく知るには、『ウガリトの神話　バアルの物語』（谷川政美訳　新風舎）を読む必要がある。

シバ王国の歴史は、『シバの女王　砂に埋もれた古代王国の謎』（ニコラス・クラップ著　紀伊国屋書店）が適している。

シュメール人の歴史は、『シュメル―人類最古の文明』（小林登志子著　中央公論新社）がお勧めである。

日ユ同祖論関係は、すでに紹介したが、『聖書に隠された日本・ユダヤ封印の古代史』（ラビ・M・トケイヤー著　久保有政訳　徳間書店）、『日本書紀と日本語のユダヤ起源』（ヨセフ・アイデルバーグ著　久保有政訳　たま出版）、『日本とユダヤ　運命の遺伝子』（久保有政著　学研）は、日本と古代イスラエルの関係を知る上で重要な書籍である。

また、古事記神話偽書説については、『津田左右吉歴史論集』(津田左右吉著　岩波文庫)が一番理解しやすい。

■古事記神話を読み解くポイント

葦原は高天原の植民地だった

古事記神話では、古代イスラエルの王たちが、金を求めてインドからさらに東の島々に船を進めて葦原に到達し、金採取事業を展開し、国造りもしたという内容になっている。高天原の天津神は、葦原を植民地だとみなしていたのである。筆者は、これを「葦原植民地論」と呼んでいる。

別天津神《コトアマツカミ》は、葦原が金採取事業に適した植民地であるかどうかを調査するために渡来した天津神だと考えられる。葦原に多くの金鉱山が見つかると、ダビデ王は、タルシシ船に古代イスラエルの民を乗せ、葦原に移住させたと考えられる。移住した高天原人は、葦原の縄文人や弥生人と混血して国津神となった。

神世七代の神話は、金採取事業が軌道に乗るにつれて国津神の人口が増えていった様子を表している。葦原で採れた金は、インドを経由して、ダビデ王が待つエルサレムに運ばれたと思われる。おそらく、最初の高天原人の村は、金が豊富にあった九州南部にあったのだろう。

ソロモン王の時代になると、さらに葦原での金採取事業の拡大に注力し、九州、四国、本州、そして佐渡などに国を造った。この国造りにともない、神生みがなされる。このときは、高天原からイザナギ命だけではなく、黄泉の国からイザナミ命も、葦原での国造りに参加することになる。

イザナギ命は、ソロモン王に命令されて、また、イザナミ命は、シバの女王に命令されて、葦原に赴いた使者だったと思われる。おそらく、王の親族兄弟や従兄弟だったであろう。

彼らは、浮き橋に立って、オノゴロ島に降りた。この降臨は「天降り《あまも》」と呼ばれ、天孫の「天降り《あまくだ》」と区別されている。イザナギ命・イザナミ命の降臨とニニギ命のそれとは、時代も政治的重要性も異なっていたからである。

神生みは、国造りでできた国を束ねて、家屋の建設、道路などの整備、港の整備、民を養うための農業の導入と灌漑設備などの充実が図られたことを示している。

ソロモン王の死後、祖国高天原が南北に分裂することになると、イザナミ命は、イザナギ命と離縁して故郷黄泉の国に帰ってしまう。火の神から生じた乱は、主にイザナミ命が葦原から黄泉の国に帰国する騒動が原因だったのではなかろうか。それで、できるだけ黄泉の国に持って帰るものは取って、人や金塊やその他生活に役立つものを船団に運び込み、海に消えていったと思われる。

イザナギ命は、イザナミ命と共同で金採取事業のための国造りをあきらめきれず、黄泉の国に向かう。しかし、イザナミ命は、葦原に戻ることはなく、イザナギ命を滅ぼすべく軍隊を送った。イザナギ命は、圧倒的に兵力が少なかったために、大敗を喫する。

幸いなことに、意富加牟豆美命《オオカムズミノミコト》の支援を得て命は助かった。その後、葦原に逃げ帰ったイザナギ命は、イザナギ大神となる。黄泉の国での大敗を反省し、禊祓いを行った。二度と内乱を起こさないためだったと思われる。

アマテラス神話以降、イザナギ命・イザナミ命は、登場しない。明らかにイザナギ命・イザナミ命の神話とアマテラスの神話の間に空白の時代がある。南ユダ王国の初代王氏ハブアムから第三代王アサの治世にあった南北戦争が、その空白時期だったと考えられる。

アマテラス神話はヨアシュ王の歴史が綴られている

誓約《うけひ》生みの神話は、南ユダ王国第八代王ヨアシュの歴史に関係している。この時代は、オムリ王朝が、南ユダ王国と北イスラエル王国の両国を支配した時代であった。そして、高天原の太子にとっては過酷な時代であった。

スサノオ命のアマテラスに対する乱暴行為は、オムリ王朝出身のアタリアと息子のアハズヤがエルサレムで行った政治がいかに悪政だったかを神話的に表現したものである。アタリアが南ユダ王国に持ち込んだバアル教は、神ヤハウェの信仰に基づく宗教、政治、風俗などに悪影響を与えたに違いない。

アマテラスは、スサノオ命の暴行に耐えかねて天石屋戸に籠もってしまう。それで、高天原も葦原も暗闇に包まれる。思金神と八百万の神々は、何とかしてアマテラスに天石屋戸から出てもらうように、八咫鏡《やたのかがみ》と八尺瓊勾玉《やさかのまがたま》を作る。また、天児屋命は、天の香具山の朱桜《かにわざくら》を取り、鹿の骨を焼いて占うなどの神事を行い、神意をうかがった。ここの神話は、エルサレムの民が、祭祀長ヨヤダの息子を中心に何とかアタリアとアハズヤの悪政を排除しようとしたことに基づいている。

天宇受売命は、天石屋戸の前で裸踊りをし、八百万の神々を喜ばせる。この神話は、乳母がヨアシュとともに寝具室に隠れたために殺害されなかったことをエルサレムの民が知って歓喜したことに通じる。天宇受売命は、ヨアシュを抱いて守った乳母だったのではなかろうか。

二神の誓約生みの神話で、アマテラスが使ったスサノオの十拳剣《とつかのけん》から、三柱（柱とは命のこと）の女の子が成り出た。一方、スサノオが使ったアマテラスの玉から、オシホミミ命を含む五柱の男の子が成り出た。どの命も、子供である。そして、アマテラスは、その五柱の命は自分の玉から成り出たという理由で誓約の勝利を宣言してしまう。この神話は、ヨシェバとヨヤダが六年間ヨアシュを神殿で匿って育てたことに繋がっている。結果、スサノオ命の持っていた男子の命の親権が、アマテラス側に移ったのである。

「神やらひ」の神話は、ヨヤダが、紀元前八三七年にアタリアと祭司マッタンを殺害することにより、南ユダ王国のオリム王朝が滅んだこと、また、イエフによるアハブの子孫の皆殺し事件の結果、北イスラエル王国でも、同王朝が滅んだことを表している。その後、ヨアシュは、わずか七歳で南ユダ王国第八代王に即位したが、その年齢では政治を行えるはずがなく、代わりにヨヤダとヨシェバが摂政となって南ユダ王国を治めた。

このように、一見、古事記神話には史実性はないと考えられているものの、実は旧約聖書のオムリ王朝の歴史を当てはめると今まで分からなかった史実があぶり出されるようになっている。古事記神話は、史実と王族の感情が合わさってできているので、神話のどの部分が史実に基づいているか、また、どの部分が王族の感情を表したものなのかを見極めれば、古事記神話全体が解読できることになるのである。

古事記編纂者が古事記神話を神話という文体で記したのは、古事記神話が紀元前十世紀から八世紀のイスラエルの王族の出来事を中心に書かれているからである。当時、高天原に限らず、どのオリエント諸国も神聖政治を行っていた。これらの国の歴史は、神話という、王族が主体の宗教的文書の形で残されたのである。

滅んだはずのオムリ王朝は出雲で復活した

スサノオ命の神話は、オムリ王朝の王族が、アハブの時代にフェニキアのシドン王エト・バールの協力を得て出雲に入植し、王朝を築いたことを記している。八俣の大蛇の神話は、オムリ王朝の王族と出雲に既にいた原住民との抗争を表している。そして、大蛇が持っていた草薙剣は、まだ南ユダ王国と北イスラエル王国に良好な関係があったため、エルサレムに送られたと思われる。

古代イスラエルの南北分裂にともない、イザナミ命の眷属が、祖国黄泉の国（古代イエメン）に帰国した後、イザナギ命・イザナミ命が統治していた九州、四国、本州、これらの周辺の島々から、イザナギ大神に従わない草木と呼ばれる民が出雲に集まってきた。

出雲は、大国主神の時代になって、高天原（南ユダ王国）からの女王の多紀理毘売命と根の国（フェニキア）からの女王の須勢理毘売命、他にも高志の国の女王などを娶り、出雲王朝の復活を実現する。また、大国主神の末裔と大年神の末裔の一部は、天孫より一足先に近畿地方に進出し、三輪に王朝を建てる。

スサノオ命の神話と大国主神の神話は、その後に語られる国譲りの神話と天孫降臨の神話に表れた史実につながり、さらには神武天皇の東征がなされた原因にもなっている。

このように、古事記神話を読み解く三つのポイントを軸に、一次史料の旧約聖書と補助的な史料のウガリット神話とフェニキアの歴史を活用すれば、古事記神話の背景が浮かび上がってくる。そして、これまで説明してきた古事記神話の登場人物、国々、およびこれらの国々で信奉されていた神々の知識を古事記神話に当てはめると、古事記神話が読めるようになっているのである。

第四章　古事記神話の新しい解釈

1　別天津神《コトアマツカミ》の神話

■造化三神は高天原の国家神

古事記神話の僅か数行に、古代イスラエルの宗教に関わりのある造化三神が記されている（『古事記（上）全訳注』次田真幸訳　36～39P　講談社学術文庫）。旧約聖書の適切な知識があれば、この関係にすぐに気付くであろう。古事記神話は、造化三神の御意のもと、天津神や命と国津神が活躍する神話が綴られている宗教書でもあるから、高天原人がどのような信仰をもっていたかが冒頭で記されていなければならない。

先述したが、天之御中主神は神ヤハウェ、高御産巣日神はダビデ家神、神産巣日神はバアル神となる。スサノオ命は、バアル神に属した。アマテラスや高木神は、天之御中主神や高御産巣日神と強く結びついていた。

エルサレムでは、神ヤハウェのみを信仰しなければならなかったが、実際は、ソロモン王以降、太陽など自然の象徴や隣国のバアル教を信じる王が現れるようになった。

造化三神の存在は、南ユダ王国の第五代〜第八代の王が信奉していた宗教を正確に表していることが特徴である。日本の神道は、高天原の造化三神や王族から、倭《やまと》の時代とその後の日本の時代に先祖崇拝という思想が基礎となる多神教へと発展していった。北イスラエルのバアル教信仰と南ユダのヤハウェ神信仰が融合して、日本独特の宗教が形成されたと思われる。

■葦原は高天原の奇跡の地

「葦の海」は、神が奇跡を起こした、古代イスラエル人にとって忘れることのできない場所であり、「葦」という言葉は古代イスラエル人にのみ重要な意味がある（出エジプト記14章）。

かつて古代イスラエル人はエジプトで酷使され、モーセによってエジプトを脱出し、葦の海の底を徒歩で渡り、カナンを目指した。高天原にとって「葦原」は、神ヤハウェが天津神と国津神に与えた奇跡の安全な海の島々であるという思いが込められている。

古事記神話では、葦原にも高天原同様「原」の漢字が使われている。これも、葦原にスサノオ命の拠点となる出雲の国や、ニニギ命の拠点となる高千穂の国など、当時、複数の国が存在したからだと思われる。

イザナギ命・イザナミ命の神話

イザナギ命・イザナギ命の神話	旧約聖書の接点	年代
宇摩志阿斯訶備比古遅神	ダビデの東方貿易	前1000年－前961年
神世七代の神々	〃	
国生み	ソロモン王とシバの女王による東方貿易	前971年－前931年
神生み	葦原の入植者の増大　金採取事業の拡大	
火の神の乱	ソロモンの死が原因の南北分裂	前931年以降
イザナミ命軍との戦	該当なし	
イザナギ命大敗	該当なし	
禊・祓い	該当なし	

■最初の探検家神

初めて葦原である日本に来たのは、宇摩志阿《ウマシア》斯訶備比古遅神《シカビヒコヂノカミ》であった。神々は、日本に来た順番に記されていると考えられる。宇摩志阿斯訶備比古遅神は、高天原の王から命令を受けて葦原を探検した高天原人であろう。この神は、一人で日本に来たのではなく、船に乗って集団で来たと思われる。古事記編纂者は、「神」を、氏子も含めた氏族または組織ととらえていると思われる。

宇摩志阿斯訶備比古遅神という名前は、太安万侶がすべて音で表記したものである。意味は分からない。古代へブライ語で調べると分かるかも知れない。当てた漢字の数が長いということは、この神が高天原の王に対して功績が大きかったことを示している。

この最初の神については、以下の前置き文がある。

「国土がまだ若くて固まらず、水に浮いている脂のような状態で、水母《くらげ》のように漂っていると
き、葦の芽が泥沼の中から萌え出るように、萌え上がる力がやがて神となった」
これは、宇摩志阿斯訶備比古遅神が古代イスラエルから日本に来る途中、たくさん「水母」
を見たときの印象を添え書きしているのではなかろうか。水母の大群は、インドネシア沖でよ
く目にする。さすがに古代イスラエル人も、水母には驚いたであろう。
「国土がまだ若くて固まらず」の文章は、宇摩志阿斯訶備比古遅神が葦原に来た時が縄文時代
か弥生時代の初期であったことを示している。当時、縄文人や弥生人の村は、日本各地にあっ
たであろう。「葦」は、西日本の海岸線沿いにある湿地帯に生い茂っていた葦を表していると
思われる。
縄文時代の人口は、せいぜい六十万人だった（『人口から読む日本の歴史』鬼頭宏著　15～
17P　講談社学術文庫）。今の人口が一億二千万人強であるから、人口密度は現在の二百分の
一以下である。そうなると、人に会うのが稀で、野鳥や魚や昆虫に会う方が多い。古代イスラ
エルのような高い文明を持つ国家は、当時の葦原にはどこにもなかった。
先述したが、高天原の国王は、葦原を金採取事業のための「植民地」にしようとした。宇摩
志阿斯訶備比古遅神は、葦原がどのような国か、どのような鉱物資源があるかなどを高天原に
伝える重要な役割を果たしたと思われる。
宇摩志阿斯訶備比古遅神と次の天之常立神《アメノトコタチノカミ》は、どちらも身を隠したと記されている。これは、
葦原から身を隠したと解釈すべきである。つまり、葦原に一時的に来たとしても、高天原に帰

れば存在がないことになる。身を隠すというのは、そういう行為を指していると考えられる。この段階では、「葦原＝植民地」というより、ここは古代イスラエル人がカナン地方で行った「寄留」という表現の方がふさわしいかもしれない。

■植民地政策の監督神

天之常立神と国之常立神《クニノトコタチノカミ》は、どういった神であろうか。この二神は、「天」と「国」が異なるだけで、同じような役割を担った神ではないかと想像できる。

天之常立神は、葦原がどのような地形の国で、どのような先住民が住んでいるか、またどのような鉱物資源があるかという情報を収集・管理する組織で、高天原に存在した神だったと考えられる。一方、国之常立神は、天之常立神の持つ情報を共有しながら、葦原に存在した神であったと考えられる。

これまでの神世七代の神話の解釈は、各々の名称とその序列があるだけで、他は特にないというものがほとんどである。しかしながら、旧約聖書の知識を充てると、この部分の古事記神話は、ダビデ王が、大量の金を探すため、東へ東へとタルシシ船団を進めた結果、日本にたどり着き、その後次々と高天原から使者を送っていったということが分かる。

日本は海に囲まれ、大陸から離れた島国であり、金も採れる国であるということをダビデ王は知っていたのである。葦原は、他の国に妨害されることなく金の採取事業が行える理想の国だった。

2　神世七代《かみよななよ》は人の時代

■国之常立神から始まる神世

本居宣長は『古事記伝』で、神世七代は人の代と言った。これは、国之常立神からイザナギ命とイザナミ命までの葦原に定住した神々が人であるということである（それ以前は別天津神と呼ばれ、区別されている）。彼らは、ダビデ王の王族や航海士、軍人、技術者、祭祀などだったと考えられる。また、新井白石も、古事記神話の神々について「神は人なり」と言っているが、それは宣長の解釈と同じと思われる。

不思議なのは、神世七代と宇摩志阿斯訶備比古遅神と天之常立神について、高天原から葦原にたどり着いたなら、何かしら船の航行らしい表現があってもよさそうなのに、そういう記録はない。

先述したが、天孫降臨とイザナギ命とイザナミ命の天降《あまも》りこそが、重要な高天原から葦原への移住であり、これは葦原の統治権に関わる天降りで、他の神々や命の両国間の下りについてはあえて記録をしていないのである。これはどうしてかと言うと、古事記神話は天孫が主役として書かれた神話だからである。それと、古事記編纂者は、まずアマテラス神話から天孫降臨の神話を先に構成していると考えられる。つまり、天孫降臨の経緯を最初に書いてしまったので、その前の神々や命の二国間の移動についてはは詳しく書く必要がなかった。

神世七代の神々の来日の目的が金採取事業であったという記録は、この神話にはない。しかしそれは、イザナギ命とイザナミ命の神話において、大山津見神と綿津見神の神生み、及び金山毘古神と金山毘売神の神生みで語られていたので、古事記神話の部分では書く必要がなかったのである。

古事記編纂者が後ろから前に神話を構成したことで、後世の読者からは誤解される書き方になっている。古事記神話偽書説を唱える研究者が、古事記神話は編纂者の捏造した書であると錯覚を起こすのも無理はない。

イザナギ命・イザナミ命の時代がソロモン王の時代と考えると、神世七代の神々の時代は、おのずからダビデ王の時代ということになる。

■食料の神

豊雲野神《トヨクモノノカミ》は、人が生活をするために必要な食料調達の場を探し、簡単な農業を始めた神であったと考えられる。食は人間の生活に欠かせない重要なことなので、まずその知識と技術を担当した組織だったのだろう。

宇摩志阿斯訶備比古遅神から豊雲野神までの神は、独神《ひとりがみ》であった。これらの独神は、調査を目的とした神々であった考えられる。

■妹神の意味

宇比地邇神《ウヒヂニノカミ》と妹須比智邇神《イモスヒヂニノカミ》は、夫婦神である。ここで注目すべきは、「妹」という言葉である。これは、古代イスラエルでは、姉妹の妹ではなく「妻」を意味することがある。

アブラハムが、まだ「アブラム」と呼ばれていた頃、エジプト人は、アブラムの妻サラを見てたいそう美しい女性だと思った。アブラムは、妻サラに、自分はアブラムの妹だとエジプト人に言ってくれと頼んだ。そうすれば、エジプト人は自分を殺すことがないと考えたからである。

ファラオは、サラを妻にしようとして宮廷に入れる。そして、羊、牛、ロバ、らくだなど多くの家畜が与えられ、男女の奴隷も与えられた。しかし、サラが来てから宮廷に疫病が流行り、ファラオも病に伏せる。おかしいと思った王は、その後、サラがアブラムの妹ではなくて妻だと知る。王は怒って、与えた家畜や奴隷もろとも二人を宮廷から追い出した（創世記12章10〜20）。

アブラムは、サラに「妹」と呼ばせて、命も救われ、多くの財産を得た。「妹」という言葉が、神の名に使われることは、古代イスラエルとの共通点である。

妹須比智邇神の「妹」は、宇比地邇神と関係した言葉で、二柱の神の関係が夫婦の関係にあることを示している。古事記神話では、男神は毘古の名がつく場合が多く、女神は毘売が多い。しかし、宇比地邇神と妹須比智邇神の関係では、男神と女神の関係が明確に見いだせない。そこで、二柱の関係は、事業目的の面で能動と受動の関係にあると考えられる。宇比地邇神が能動的事業で、妹須比智邇神が受動的事業を担う神である。

独神は調査を目的として、また、夫婦神は事業を目的として葦原に降臨したと考えられる。

■砂金採取事業の夫婦神

宇比地邇神の「宇比地」は、「泥土」という意味である。妹須比智邇神の「須比智」は、「砂土」という意味である。二柱の役割が金の採取であるとすれば、宇比地邇神は山に入って山金を探し、また川で砂金を採取していた。そしてそうやって集められた金は、妹須比智邇神が不純物を濾過して純度の高い金塊にし、高天原行きの船に積み込んでいた。二柱は、そうした事業を営んでいたと考えられる。


宇比地邇神は、肉体的重労働で行動範囲も広い事業を担当し、逆に妹須比智邇神は、さほど重労働でなく行動範囲も限られている受動的な事業を担当した神であろう。

また、二神の名に「土」の文字が含まれていることから、土器やかまどの生産に関わった可能性もある。

■住居に関わる夫婦神

角杙神《ツノグヒノカミ》と妹活杙神《イモイクグヒノカミ》はどういう神であろうか。これらの神々は、『古事記伝』の説明でもよく分からない。「杙」の文字に着目すると、縄文時代や弥生時代の竪穴式住居の骨組みを連想させる。地中に穴をあけ、柱を立て、梁《はり》や垂木《たるき》を組む。屋根に萱《かや》を葺《ふ》いて住居を仕上げる。ことのことから、この二柱は住居に関係する神ではないかと思われる。

角杙神は材木を切り、住居地に運び組み立てる仕事を担当し、妹活杙神は、萱を葺いたり、竹を組んだり、内装の仕事したのではなかろうか。

■婚姻・生命誕生に関する夫婦神

意富斗能地神《オホトノヂノカミ》と妹大斗乃弁神《イモオホトノベノカミ》は、どちらも「ほと」が含まれていることから、女性に関係が深い神である。婚姻や生命の誕生を司る神であると考えられる。

日本では、昔から自分の母親を「御袋《おふくろ》」とよぶ習慣があった。「袋」は女性の子宮を指している。「ほと」は、上古時代の「袋」の呼び名と思われる。

古代イスラエル人は、父親の名をもとに戸籍を作成していたので、神世七代の戸籍の管理もこの二神が行ったと考えられる。また、ユダヤ人は割礼の風習があったので、この二柱が行ったかもしれない。

■死・葬儀に関する夫婦神

於母陀流神《オモダルノカミ》と妹阿夜訶志古泥神《イモアヤカシコネノカミ》は、人間の死についての儀式や埋葬に関する神々であったと思われる。「阿夜《あや》」という言葉には、「嘆く」という意味がある。人が死ぬと、その家族や友人は泣きながら嘆いたであろう。

於母陀流は、神の面の完成を意味し、それは人の一生に関わる出来事のまとめを意味するのではないか。

神世七代の神々は、高天原の王のために金採取事業に命をささげ、祖国に戻ることはなかった。人生の終わりを手厚い儀式で弔ったと考えられる。日本人は、生より死を重んじると言うことがあるが、それは於母陀流神と阿夜訶志古泥神からの習慣かもしれない。

3　淤能碁呂志摩《おのごろしま》の神話

■オノゴロ島は西南諸島

最後の夫婦神は、イザナギ命とイザナミ命である。伊邪那とは、「誘う」という意味である（古事記（上）全訳注』次田真幸訳　40～74P　講談社学術文庫）。この二柱の名前は、高天原を金が豊富で自由な土地である葦原へと誘う神々である、という解釈がふさわしい。

古事記神話に出てくるオノゴロ島（淤能碁呂志摩）については諸説ある。本居宣長は、『古事記伝』において、オノゴロ島は、淡路島北端の絵島を指すと記しているが、果たしてそうだろうか。

オノゴロ島の条には、「諸々の天津神が、イザナギ命とイザナミ命に天の沼矛《ぬぼこ》を与え、まだ国としてまとまっていない葦原を治めるために天の浮橋に立たれ、その沼矛を指しおろしかき回されたが、潮をごろごろとかき鳴らして引き上げるときにその矛から滴り落ちる海水が積もり重なって島となった」と書き記されている。

また、イザナギ命が、イザナミ命に「そこで私とお前とこの神聖な柱を回り、出会って結婚しよう」と言った後、イザナギ命は、「おまえは右から回って会いなさい。私は左から回って会いましょう」と言ったと書き記されている。

この箇所は、イザナギ命とイザナミ命がどのように日本に来たかについて、神話のかたちを借りて表現しているところである。

彼らが天の浮橋に立ち、天の沼矛により造られた島々は、どこであろうか。

オノゴロ島の条の内容からすると、オノゴロ島は九州より西であり、右回りと左回りは、沖縄の沖で海流が対馬海流と黒潮海流に分かれるところと考えられる。具体的には、イザナギ命とイザナミ命が船に乗って、シナイ半島とアラビア半島にまたがるアカバ湾から紅海アラビア海インド洋を渡り、マラッカ海峡を抜け、南シナ海を渡り、フィリピンのルソン海峡を抜け、西南諸島を越えて、九州を黒潮に乗って左回りをするか、対馬海流に乗って右回りをするか、いずれかの航路を通って日本に来たということである。そうすると、オノゴロ島は、西南諸島のどこかであったと思われる。おそらく沖縄本島ではないか。もしかすると久米島かもしれない。

イザナギ命とイザナミ命は、どちらが先に行くかで揉めた。結局、イザナミが先に右から回り、聖婚の場所で蛭子を生んで、次に淡路島を生んだ。イザナギ命は、自ら左回りを選び、イザナミ命に右回りに行きなさいと言った。イザナギ命は、金が豊富な九州南部と四国、それと兵庫県あたりですでに国を構えていたので、それらの地にイザナミの船団が入植すると争いがおこることを危惧したのである。

■オノゴロ島の神話にある古代イスラエルとの接点

イスラエルの結婚式では、古くから立っている花婿の周りを花嫁が回る習慣がある（『日本書紀と日本語のユダヤ起源』ヨセフ・アイデルバーグ著　49～50P　徳間書店）。イザナギ命とイザナミ命が神聖な柱を回る神話は、イスラエルの結婚式の習慣そのものを記したところである。ここは間違いなく旧約聖書と古事記神話の接点である。

しかし、イザナミ命は、神聖な柱を回る時、先に言葉を発してしまった。イザナギ命は、イザナミ命に向かって、女が先に言葉を発するのは良くないといった。そして、イザナギ命とイザナミ命は夫婦の交わりをし、水蛭子《ひるこ》を生んだと記されている。続いて、この子は、葦船に乗せて流し棄てたと記されている。書紀には、「蛭児《ひるこ》」と記され、三年経っても脚の立たない子と訳されている。

では、「水蛭子」とはどういう意味なのか。

ダビデの時代、タルシシ船団で行われた東方貿易にかかる期間は、往復三年と決まっていた（列王記上10章22節）。三年経っても脚の立たない子とは、航行の目的である金の採取ができなかったという意味ではなかろうか。考えられることは、日本に向かっていた船が途中で沈没して事業が失敗した、もしくは、日本に訪れはしたが原住民に襲われて金が取れなかった、または、金は取れたが船員が逃げだしてどこかに行ってしまった、などが挙げられる。

国譲りの神話においても、出雲に派遣された天菩比神《アメノホヒノカミ》が三年経っても復命しなかったとある。三年という高天原から葦原への航海の期間は、タルシシ船の東方貿易の期間と同じである。

上古の時代は、国の名前や海の名前も分からなかったので、航海の期間がどれだけ船が遠くへ行ったかを計る唯一の手段であったに違いない。そう考えると、古事記神話の「水蛭子」の神話と天菩比神の神話の三年は、旧約聖書に記されたタルシシ船の一度の貿易にかかった三年から来ていると思われる。

■高天原の天津神はソロモン王か

イザナギ命は、イザナミ命が無断で先に葦原に入ったことに不満を感じた。イザナギ命は、イザナミ命が約束を守らなかったことに苛立ちを感じていたのである。別天津神・神世七代の時代に、先に葦原へ入植したのは高天原であるから、高天原の国王は、黄泉の国のイザナミ命にその支配権はないと主張したに違いない。

イザナミ命は、そんなことはお構いなしに、葦原の気に入った場所で金を採取し、祖国により多くの金を輸出したのかもしれない。また、イザナギ側が所有する葦原の領土の中で、山金や砂金が多く取れる鉱山や河川にイザナミ命の部下が入り込み、イザナギ側の金の採取量が減少するという困った事情があったのかもしれない。

このような小競り合いは両者では解決できず、結局、高天原に帰国し、天津神の裁判を受けることになった。天津神の判決は、イザナミ命にイザナギ命の後に言葉を発するように命じた。

そして、イザナギ命とイザナミ命はその判決に従った。どちらが発言するかは、葦原の統治権の優先順位に関わることなので、イザナギ命には譲れないところであった。その後、二柱は国生みと神生みをするのである。

ここで重要なのは、天津神が誰なのか、である。高天原の王族のうち、占いをするのはソロモン王ではなかったか。ユダヤ人歴史家のヨセフスは、ソロモン王は呪術や占いにはまっていたことを記している（古代イスラエルで禁じられていた呪術や占いができる王は、ソロモンしかいない）。

鹿の骨で占いをするのは、中国が起源と考えられるが、ソロモンは三千人以上の側女《そばめ》がいたので、なかには鹿の骨で占いをする者もいたであろう。

4　国生みの神話

■国産みで得た領土

イザナギ命とイザナミ命の神話において、国生みにより国となった地域は、淡路之穂之狭《あわじのほのさ》別島《わけのしま》（今の淡路島）を皮切りに、伊予国（愛媛県）、讃岐国（香川県）、土佐国（高知県）、粟《あわの》国《くに》（徳島県）、隠伎之三子島《おきのみつごのしま》（隠岐島）、筑紫国（福岡県）、豊国（大分県）、肥国（熊本県と佐賀・長崎の両県をまたぐ地域）、熊曾国《くまそのくに》（熊本県南部、鹿児島県、宮崎県南部をまたぐ地域）、伊伎島《いきのしま》（壱岐島）、津島（対馬）、大倭豊秋津島《おおやまととよあきづしま》（畿内地方一帯）など、西日本に集中していた。

例外は、佐渡である。佐渡といえば、江戸時代に幕府が直轄していた金山である。イザナギ命とイザナミ命が佐渡を国生みに含めていることから、金を求めて国造りをしていったことがうかがえる。

鹿児島県、宮崎県、大分県、福岡県、長崎県、愛媛県、高知県、山口県、広島県、岡山県、兵庫県などは、金山が数多くあった。現在は、ほとんどが閉山となっているが、紀元前十世紀頃は、どの金山近くの川でも砂金がたくさん採れたに違いない。

ちなみに、現在も操業中の菱刈《ひしかり》鉱山は、一九八一年の操業開始からすでに二百トン以上の金を産出した金山で、突出して産出量が多い。佐渡は、創業年数が三百年以上あるが、産出量は一九八九年の閉山まで七十八トンであったから（新潟県佐渡市ホームページ　佐渡金銀山を世界遺産に）、いかに菱刈鉱山の金の含有量が多いかが分かる。

東日本に入植地がほとんどなかったのは、そこにはすでに縄文人の集落がいくつもあり、イザナギ命とイザナミ命にとって入植が困難だったからである。西日本は人口が少なく、また気候が温暖で、食料の調達（農業など）にも適した土地であったことから、植民地には適していたと考えられる。

■天津神と国津神の身分の差

イザナギ命とイザナミ命は、明確な目的を持っていた。まず、九州、四国、近畿、中国地方で金採取事業に適した土地を選んだ。これらの土地には、「別《わけ》」という名がついているところがあるが、これは高天原の王族の領地という意味であろう。天津神は特別な存在だった。「比売《ひめ》」のついているところはイザナミ命の領地ではなかろうか。

隠岐島は天之忍許呂別《アメノオシコロワケ》、壱岐島は天比登都柱《アメヒトツバシラ》、対馬は天之狭手依比売《アメノサデヨリヒメ》、本州は天御虚空豊秋津根別《アマツミソラトヨアキヅネワケ》と呼ばれた。これらの領土は、「天（あめ、またはあま）」が頭につくので、高天原の王族の直轄地だったと考えられる。それら直轄地の多くは日本列島の本州にあり、国生みで生じた国の半分以上を占めている。葦原の領土内で、すでに高天原の王族の土地かそうでないかの区別ができあがっていたと考えられる。

天津神は高天原からの神で、人種的にはヘブライ人だと思われる。神々の名のうち、最初の頭字が「天」となっているのは、天皇の王族に関係している。天照大御神も「天」の漢字が使われている。天孫も天児屋命もそうである。

一方、国津神は、天津神と縄文人や弥生人との混血で、高天原人の二世以降の新しい世代である。ちなみに、国津神にも「天」の字がつく神々がいるが、これらの神々は高天原の王族の直系という階級を与えられた特別な人々だったのではなかろうか。領土と同じで、民も高天原の王族と血縁関係にあるかないかで身分の格差があったのだろう。

日本語には「謙譲語」という言葉がある。身分の高い人の前で自らがへりくだっていう言葉で、現代社会においても重要な役割を果たしている。このような言葉の使い方の原型は、イザナギ命・イザナミ命の時代にすでにあったのではないか。また、学校や職場のどこでも先輩・後輩の関係があるが、これも上古時代からの習慣なのかもしれない。

さて、国津神は、時代が下るにつれて増えてきた。やがて、国単位に農村や漁村ができ、農作物や魚介類など生活に必要な物品を売買する街ができる。そのため、村や街の生活を守る政治が必要になってくる。イザナギ命とイザナミ命は国生みを終えて、神生みを開始するのである。

5 神産みの神話

■大事忍男神《オオコトオシヲノカミ》は領事神

大事忍男神《オオコトオシヲノカミ》は、神生みで最初に登場する神である。宣長の『古事記伝』を見ても、どんな神かよくわからない。おそらく、神名からして、植民地で政治的なことを司った領事神ではなかろうか。国での犯罪や病気の対応、金採取事業が円滑に行われるよう、民を指導した神であろう。「大事」が責任の重さを思わせる。

■土木事業の神

石土毘古神《イハツチビコノカミ》と石巣比売神《イハスヒメノカミ》は、石や土、そして砂に関係する事業の神である。いってみれば、土木事業の神である。村の道、石垣、家屋の基礎石、墓石も造ったのではないか。今でいうなら、インフラ整備を担当した神々となる。

■家屋の神

大戸日別神《オホトヒワケノカミ》は、家の戸口の神で、天之吹男神《アメノフキヲノカミ》は、萱葺きを事業とする神、大屋毘古神《オホヤビコノカミ》は、家屋の神である。この三柱は、家に関係する神々であるのは間違いない。

イザナミ命とイザナギ命は、どれだけの人口がいたかを国単位で把握していたと思われる。ダビデ王は、古代イスラエルの民の戸籍を取っていた（歴代誌上21章）。イザナミ命とイザナギ命は、ダビデ王の行政政策をそのまま適用したのではないか。

風木津別之忍男神《カザモツワケノオシヲノカミ》は、よくわからない神である。「風」に関係する神であるのは確かである。おそらく、「風」と「木」から想像すると、自然災害に関係する神だったと考えられる。日本は、台風や地震など自然災害が多い。家屋に被害が出たら、誰が被害に対する支援をするか決められていたと考えられる。

■大綿津見神は海事神

イザナミ命とイザナギ命の二柱は、大綿津見神の海の神を生み、速秋津日子神《ハヤアキツヒコノカミ》と妹速秋津比《イモハヤアキツヒ》売神《メノカミ》という水戸神《みなとのかみ》を生んだ。ここは、海、港、船と、航海に関係する神々が多いが、タルシシ船団が葦原に来たのであれば、船団の運営に関係する神が多数名を連ねるのは当然であろう。

速秋津日子神と妹速秋津比売神は、船を係留するための港を築いた神々である。沫那芸神《アワナギノカミ》、沫那美神《アワナミノカミ》、頬那芸神《ツラナギノカミ》、頬那美神《ツラナミノカミ》も、それぞれ海や川に関係する神々で、おそらく、様々な海や川に関わる儀式を司る神であったと思われる。また、縄や錨などの船具を手入れし、金塊や食糧・物資を船に搬入・搬出する仕事をした神だったと考えられる。

■農業灌漑の神

二柱は、天之水分神《アメノミクマリノカミ》、国之水分神《クニノミクマリノカミ》、天之久比奢母智神《アメノクヒザモチノカミ》、国之久比奢母智神《クニノクヒザモチノカミ》を生んだ。これらの神々は、灌漑の神である。国民の胃袋を満たすためには、穀物の生産が欠かせなかった。そこで、灌漑や分水に関係する神が登場するのである。

天と国の区別は、前述したが、天が高天原の王族専用の事業で、国はその他の国津神のための事業であろう。現在でも、天皇家の食材は、国民からは区別された専用の農地から調達される。このころの古い風習が今でも続いていると思われる。

■気象の神

二神は、風の神の志那都比古神《シナツヒコノカミ》と木の神の久久能智神《ククノチノカミ》を生んだ。風の神は、気候について情報を持っていた神であると考えられる。日本は台風が毎年来るので、そうした知識は必須であった。また、時化の時は、荒れ狂う波から船を守ったと考えられる。

余談であるが伊勢神宮では、元寇に神風が起こったとして、風の神が別宮で祀られている。

■大山津見神《オオヤマツミノカミ》は鉱山事業の神

二柱は、大山津見神《オオヤマツミノカミ》の山の神と鹿屋野比売神《カヤノヒメノカミ》を生んだ。これらの神々は、国内の山と野を採索して金の採れる場所を特定する仕事を担ったと思われる。次に天之狭土神《アメノサヅチノカミ》、国之狭土神《クニノサヅチノカミ》、天之狭霧神《アメノサギリノカミ》、国之狭霧神《クニノサギリノカミ》、天之闇戸神《アメノクラトノカミ》、国之闇戸神《クニノクラトノカミ》、大戸或子神《オホトマトヒコノカミ》、大戸或女神《オホトマトヒメノカミ》を生んだ。

狭土神は、「土」の知識に長けていた神で、狭霧神は、「霧」は野という意味もあるので、平野の地質についての知識に長けていた神であろう。

金採取事業において、金を多く含む金鉱石や砂金が簡単に採れる川を探す重要な仕事である。野についても、薬草や食料を探しておかないと、事業がうまく運営できないことになる。注目すべきは、ここでも「天」と「国」の区別がされていることである。

大山津見神は、大山祇《おおやまやづみ》神社、三島神社の主祭神でもある。日本の鉱山に関係する企業の中には、この神を信仰する会社も少なくない。大山津見神を祀る神社は、全国に千社以上あり、いかにこの山の神が古くから日本の社会に根づいていたかが分かる。

■船の神と五穀豊穣の神

二柱は、鳥之石楠船神《トリノイハクスフネノカミ》（または天鳥船《あめのとりふね》）を生んだ。この神は、国譲りに活躍する神である。鳥は、船がどれだけ島から離れているか調べるために使ったと思われる。また、大宣都比売神《オホゲツヒメノカミ》を生んだ。阿波国の神で、五穀豊穣の神である。

6　イザナミ命から生まれた神々

■金山毘古神《カナヤマビコノカミ》と金山比売神《カナヤマヒメノカミ》

これまで説明してきた神々は、金採取事業に携った神々で、その中心的存在は、大山津見神と大綿津見神であった。

大山津見神は、金採取事業の監督的存在であり、大綿津見神は、人々を高天原から葦原へ搬送し、採れた金塊を高天原に届ける重要な海事的役割を担っていた。また、ニニギ命が、天孫降臨後、高千穂地域に宮を設け、子孫を授かるが、そのときの王妃は大山津見神の娘であった。そして、ホホデミ命の妻は大綿津見神の娘であった。

イザナギ命とイザナミ命は、火の神、火之夜芸速男神《ヒノヤギハヤヲノカミ》を産んだ。この神は、他にも火之炫毘《ヒノカガビ》古神《コノカミ》、火之迦具土神《ヒノカグツチノカミ》という名を持っていた。神名が多いということは、火の神が重要な神であるということである。

イザナミ命は、火之迦具土神を生んだことにより「ほと」が焼けて病気になった。そして、病弱のイザナミ命は嘔吐した。その嘔吐から金山毘古神と金山比売神が生まれた。

この神話は、何を表しているのだろうか。

これらの神は、鉱山の神である。鉱山は金銀銅鉛などいろいろある。イザナギ命とイザナミ命は金を求めた。この二神は、火の神と金山毘古神、そして金山比売神という鉱山の神々から金の精錬事業を学んだと考えられる。

金は、たとえ砂金であっても、鉛や水銀を使って精錬しなければ純度の高いものが得られない。また、金は金鉱石から大量に抽出されるが、多くは銅や銀の鉱石から抽出される。鉱石は粉砕する必要があるが、上古の時代には、すべて人の作業で行われなければならなかった。大変な労力が費やされたに違いない。

粉砕された鉱石は、鉛とともに炉で熱される。炉の表面に浮き出た金銀合金から不純物を取り除くことによって、最終的に純度の高い金塊ができる。火の神は、金精錬事業の専門知識を持っていた民族であったと考えられる。それが黄泉の国の民だったのではないだろうか。

金精錬事業では、鉱石から純度の高い金塊にする方法として、灰吹法が古代から知られていた。旧約聖書のエゼキエル書22章20節には、灰吹法についての記述がある。

「銀、青銅、鉄、鉛、すずが炉の中に集められるのは、火を吹きつけて溶かすためだ。そのように、わたしは怒りと憤りをもってあなたがたを集め、そこに入れて溶かす」

灰吹法は鉛を使って鉱石から金属を取る方法である。骨灰などで作った皿（キューペル）に金銀鉛合金を載せ、空気を通しつつ約千度に熱すると、鉛分は酸化鉛になって皿に吸収され、金銀合金が残る。金は銀と分離することにより得ることができる。

火の神々がイザナミ命の部下であるとすると、彼らは黄泉の国＝古代イエメンの民であると思われる。彼らは、シバの女王と同じ肌の黒い人種であっただろう。上古の時代から、鍛冶仕事や船内の厨房には黒人が雇われていた。彼らは、気温五十度の中でも長時間仕事ができたからである。

イザナギ命とイザナミ命は、金採取・精錬事業のために高天原から葦原に来たと考えるのが、この神話の解釈に最もふさわしい。高天原は金採取事業に優れており、黄泉の国は金精錬事業に優れていた。国生みと神生みは、二国の協力があってこそ成り立ったのである。

■イザナミ命から生まれた農業の神々

土器を作る材料に関係する波邇夜須毘古神《ハニヤスビコノカミ》と波邇夜須比売神《ハニヤスビメノカミ》は、イザナミ命の糞から生まれた。灌漑用水に関係する神、弥都波能売神《ミツハノメノカミ》、農業生産に関する神、和久産巣日神《ワクムスヒノカミ》、食物の神、豊宇気毘売神《トヨウケビメノカミ》は、それぞれイザナミ命の尿から生まれた。

金精錬事業を運営するためには、民に十分な食を供給する必要がある。食は人間の生活に欠かせない。農業生産、食べ物の分配、土器食器やかまどの生産などが、国の産業だったはずだ。

火の神は最も厄介な神であった。この神が、次々に神を生んでいくが、イザナミ命が病にかかる。また、生まれる神々は、イザナミ命の嘔吐、糞、尿から出てくる。神にしてはあまりに下品である。スサノオが畔を埋めたり神殿に糞をひり散らかしたりすることに近い表現である。天皇家は、火の神について良い印象は持っていなかった。

食物の神豊宇気毘売神は、どちらかというと神産巣日神と関係の深い女神だと思われる。そしてイザナミ命が黄泉の国＝古代イエメンの出身だとすれば、こちらも神産巣日神に属する女神だったのではないか。シバ王国、あるいは周辺の小国家には月の神信仰があり、古くからメソポタミアと交流があった。

天武天皇は、豊宇気毘売神をアマテラス大御神と並ぶ女神に位置づけ、式年遷宮を計画した。アマテラスが金の座に座する神であるのは、イザナギ命・イザナミ命が金採取・精錬事業を司ったことに由来している。豊宇気毘売神は、その金採取・精錬事業を支えた食料調達役だったのだろう。それゆえ、この女神は米の座に座すのである。

当時の政治状態は崇仏派と神道派に分かれ、争いが絶えなかった。天皇は、この朝廷内の混乱を農業の神の力を借りて鎮めようとしたのだろう。そこで、豊宇気毘売神を伊勢神宮の外宮に招いて、国の政治の安定を図ったのではないか。米の座と金の座の概念は、このようにして考え出されたと思われる。

7　イザナギ命とイザナミ命の戦争

■イザナミ命の死と火の神の殺害

イザナギ命は、妻イザナミ命が死んだことに涙を流して嘆いた。イザナギ命の涙から生まれたのは、泣沢女神《ナキサワメノカミ》であった。古代イスラエルや他の地中海の国々には、葬儀のときに泣き女を呼んで亡き人に哀悼を捧げる風習があった。

その後、イザナミ命は、出雲の地に近い比婆山に葬られた。イザナミ命は、神産巣日神に属すると考えられるため、スサノオに近いところで葬られたのであろう。イザナミ命の祖国が黄泉の国=古代イエメンで、砂漠の国だったとしたら、イザナミ命をできるだけ祖国に近い風景のある場所に埋葬すべきであるとイザナギ命は考えたであろう。それで、砂丘が近くにあった出雲の国が選ばれたのではなかろうか。おそらく、埋葬されたのは一人ではなく、イザナギ命に刃向かった人物全員だったと思われる。

イザナギ命は、イザナミ命の死の原因が火之迦具土神にあると見て、十拳剣でその神の頸を切った。その御剣の先についた血から成った神々が、石拆神《イハサクノカミ》、根拆神《ネサクノカミ》、石筒之男神《イハツツノヲカミ》であった。次に十拳剣の根元についた血からは、甕速日神《ミカハヤヒノカミ》、樋速日神《ヒハヤヒノカミ》、建御雷之男神《タケミカツチノカミ》が成り出た。建御雷之男神は、国譲り神話で天鳥船とともに出雲を平定した軍人であった。この神は、アマテラスを裏切らなかった。そして、その御剣の柄に溜まった血から成り出た神は、闇淤加美神《クラオカミノカミ》、闇御津羽神《クラミツハノカミ》であった。

次に、殺された火之迦具土神の頭から正鹿山津見神《マサカヤマツミノカミ》が、胸から淤縢山津見神《オドヤマツミノカミ》、腹から奥山津見神《オクヤマツミノカミ》、「ほと」から闇山津見神《クラヤマツミノカミ》、左手から志芸山津見神《シギヤマツミノカミ》、右手から羽山津見神《ハヤマツミノカミ》、左足から原山津見神《ハラヤマツミノカミ》、右足から戸山津見神《トヤマツミノカミ》が成り出た。この時の太刀の名は、天之尾羽張《あめのおはばり》であった。

火の神からは、金山毘古神と金山比売神に始まって豊宇気毘売神まで七柱が成り、十拳剣と天之尾羽張で切り倒されて成った神が十六柱あった。神の数は三倍以上増えたことになる。どういうことが起こったのだろうか。ここの神話は、やはり火の神の組織の解体を表していると考えられる。イザナミ命の病から成った神々が、イザナギ命が火の神を剣で切り裂いて成った神々に入れ替わっているからである。

火の神が原因で内乱が起こり、イザナギ命はそれを抑えるために兵を挙げた。その内乱の原因は、劣悪な労働環境と生産性を上げるための過酷な労働にあったかもしれない。ソロモン王は、とにかく大量の金を欲しがったから、イザナギ命に重労働を無理やり押し付けただろう。しかし、重労働が原因であれば、国生みを増やして、西日本から東に目を向ければさらに多くの金山があったはずで、イザナミ命が国造りを放棄して黄泉の国に帰国することもなかったのではないかと考えられる。そこのところは、古事記神話は何も明らかにしていない。

安万侶がこの神話で伝えていない、ソロモン王の歴史から導けるイザナミ命の帰国の原因は何なのか。それが分かれば、この神話の裏にある史実を知ることができるであろう。

■古代イスラエルの南北分裂とイザナギ命とイザナミ命の離縁

ソロモン王は、古代イスラエルの歴史において最も有能な財力のある王であったが、歳入より歳出が上回る債務超過の財政を続けた。晩年は側女《そばめ》のために神殿や宮殿を建設した。側女の数は、三千人超であった。側女と彼女の父達に費やした金は莫大で、加えて十四年もかかって建設した巨大な宮殿や神殿の維持にも莫大な費用がかかった。

ソロモン王の後を継いだレハブアムは、多額の債務を穴埋めするためにイスラエルの十部族に重税を課した。これが引きがねとなり、イスラエルの十部族はユダ族・レビ族・ベニヤミン族から離れて、北イスラエル王国と呼ばれる独立国家を創設する（紀元前九三一年）。側女たちは、身の安全を保障されないエルサレムを棄てて自国に戻ってしまったであろう。金の切れ目が縁の切れ目である。これは、古代も現代も少しも変わらない。

北イスラエル王国の初代王は、ヤロブアムであった。ヤロブアムは、ダビデ家から王を選ぶことはせず、神ヤハウェから離れた。北イスラエル王国の十部族は、完全に南ユダ王国との関係を断とうとしたのである。

一方、南ユダは、武力で北イスラエルを支配しようとした。もう一度、古代イスラエルを統一させようとしたのだ。それが原因で、レハブアム、アビヤム、アサの三代にわたって激しい南北戦争が起きた。その戦争は、実に五十年近くに及んだ。また、レハブアムの時代にエジプトのシシャク王は、南ユダが弱体したすきを狙ってエルサレムに侵攻し、ソロモン王が所有していた金銀財宝を略奪した。

古事記神話で、イザナミ命の死と火の神の解体は、高天原、つまり古代イスラエルでの南北分裂が影響していると考えられる。イザナミ命の黄泉の国は、ソロモン王が死んだ後、葦原にいるイザナミ命に対して帰国するように命じた。そして、火の神であるイザナミの部下たちは結集して軍をつくり、できるだけ多くの金を持って葦原から脱出したと考えられる。しかし、イザナギ命は、そうさせまいと逃げるイザナミ軍を追いかけ、剣で倒そうとしたのである。イザナギ命が編成した軍が、御剣から成り出た神々であろう。結局、火の神はイザナギ命によって支配されることになったが、うまく脱出できた者は黄泉の国に帰国したのである。

神生み神話は、神々の羅列で構成されていて、物語性はないと思われがちである。日本の神社で祀られている、これら古事記神話に記される神々は、神道の信仰の辻褄《つじつま》を合わせるためのもので、史実には関係ないと思うかもしれないが、そうではない。ただし、旧約聖書のオムリ王朝とダビデ・ソロモン王の歴史の知識があれば、国生み神生みの神話で、高天原が金採取事業のため葦原に植民地を建設していったという発想が起こり、また、なぜイザナギ命が妻イザナミ命と黄泉の国で戦争をしなければならなかったかも分かるのである。

■イザナミ命大敗を喫す

ソロモン王死後、シバの女王はエルサレムに留まらず祖国に帰っただろう。そして、葦原の金採取事業は、女王の判断で撤退となったと考えられる。黄泉国神話では、死んだはずのイザナミ命は祖国黄泉国に帰国して蘇っている。ここは、イザナミ命がシバの女王本人ではなく、大使的な役割を持つ王族だったと考えれば不思議ではない。

イザナギ命は、イザナミ命の後を追って黄泉国に入った。何か取り返すものがあったのである。それは金塊だったのではないか。イザナミ命の神々が持っていた金精錬の技術だった可能性もある。

さて、イザナギ命は黄泉の国に到着し、イザナミ命と再会した。まだ国づくりが終わっていないので、イザナミ命に葦原へ帰還するよう説得したかったのである。しかし、イザナミ命は、イザナギ命がもう少し早く来てくれればよかったのにと残念がり、また、帰りたいと思う気持ちがないこともないので、黄泉の国の神と相談しましょうとイザナギ命に答えた。最後、御殿に戻る前に、私の姿を見てはいけないとイザナギ命に警告した。

イザナギ命は、長い間待たされた。とうとう待ちきれなくなって、左の御角髪《みみずら》に挿していた神聖な爪櫛《つまくし》の太い歯を一本折って、火をつけて、御殿の中へ入って行った。時刻は夜であったと考えられる。黄泉の国が砂漠の国だとすると、とても昼の日中に戦を行うことはできないので、夜に兵を挙げたと推測される。

すると、女神の体は、蛆《うじ》がたかり、頭に大雷《おおいかずち》、胸に火雷《ほのいかずち》、腹に黒雷《くろいかずち》、「ほと」に析雷《さくいかずち》、左手に若雷《わかいかずち》、右手に土雷《つちいかずち》、左足に鳴雷《なるいかずち》、右足に伏雷《ふすいいかずち》がいた。合計八つの雷である。雷は、軍隊の名称だと考えられる。

つまり、御殿にはイザナギ命を亡き者にしようと、大勢のイザナミ命の援軍がいた。イザナギ命の率いる軍の数を大きく上回っていたであろう。これにはイザナギ命も驚いた。イザナギ軍は、黄泉の国の地理を知らず、規模も小さい、しかも夜間の戦いに慣れていない。イザナギ命に勝ち目はなかった。彼は逃げることを選んだ。

黄泉の国の醜女《しこめ》がイザナギ軍を追いかけた。イザナギ命は、逃げながら黒い鬘《かずら》を取って投げた。するとたちまち山ぶどうの実が成り、醜女がそれを食べている間に逃げることができた。次に右の御角髪に刺している神聖な爪櫛の歯を折り取って投げた。たちまち生えた筍《たけのこ》を醜女が食べている間に逃げることができた。しかし、八雷は千五百人の軍勢を従えて、十拳剣を後ろ手に振りながら逃げるイザナギ命を追いかけた。ここの表現は、イザナギの護衛軍とイザナミの雷軍との交戦を描いている。

イザナギ命が黄泉比良坂《よもつひらさか》のふもとに来た時、そこに生《な》っていた三つの桃の実を投げると、黄泉軍勢はことごとく退散した。そこで桃の実に意富加牟豆美命《オホカムヅミノミコト》という神名《しんめい》を与えた。

■意富加牟豆美命が誰なのか

意富加牟豆美命がどこの国の誰なのか、古事記神話は記していない。考えられるのは、黄泉の国から近い高天原、つまり古代イスラエルの軍隊の一部が、イザナギ命を助けるために駆けつけたというものだ。そう考えると、意富加牟豆美命は、高天原からの援軍の司令官だったのではなかろうか。

イザナギ命は、意富加牟豆美命に「お前が私を助けたように、葦原の中国の青人草《あおひとくさ》（信仰がしっかりしていない人々）が苦しい局面に落ちて患い悩むときに助けてくれ」と言った。イザナギ命との信頼関係が表れている。意富加牟豆美命は、イザナギ命と同じ高天原の王族だったと考えられる。

8　イザナギ大神の禊祓《みそぎはらへ》と三貴子

■禊と祓への神話

イザナギ命は、黄泉比良坂でイザナミ軍と戦ったが大敗を喫した。その際、禊によって自分の罪や穢れ、災いをことごとく祓い清めた。火の神を倒して新しい神々をつくり、組織改革をしたときのように、次々に新しい神々をつくり上げていく。

イザナギ命は伊邪那岐大神《イザナギオオカミ》（以下イザナギ大神）となり、禊と祓いを実行する。まず、イザナギ命が身につけたものを脱ぐことによって衝立船戸神《ツキタツフナトノカミ》から辺津甲斐弁羅神《ヘツカヒベラノカミ》までの十二神が生まれた。黄泉の国で穢れによってできた神は、八十禍津日神《ヤソマガツヒノカミ》と大禍津日神《オオマガツヒノカミ》の二柱であった。その穢れを直すため、神直毘神《カムナホビノカミ》、大直毘神《オホナホビノカミ》、伊豆能売《イヅノメ》が生まれた。さらに、底津綿津見神《ソコツワタツミノカミ》、底筒之男命《ソコツツノヲノミコト》、中津綿津見神《ナカツワタツミノカミ》、中筒之男命《ナカツツノヲノミコト》、上津綿津見神《ウワツワタツミノカミ》、上筒之男命《ウハツツノヲノミコト》が生まれた。これら綿津見系の神々は海の神々である。

イザナギ大神は、黄泉の国や他の敵国からの突然の来襲に備えて海軍を強化したと思われる。大神は、火の神が起こした内乱を再発させないために政治的改革を断行したのである。また、高天原は分裂し、互いに戦争を始めた。高天原の禍が葦原に及ばないように組織改革をしたのである。

■三貴子の神話

イザナギ大神は、天照大御神《アマテラスオオミカミ》、建速須佐之男命《タケハヤスサノヲノミコト》、月読命《ツクヨミノミコト》の、いわゆる三貴子を生んだ。続いて、アマテラスには「あなたは高天原を治めなさい」と言い、月読命には「あなたは夜の食国を治めなさい」と言った。また、建速須佐之男命には「あなたは海原《うなばら》を治めなさい」と言った。

建速須佐之男命が海原を治めるのは、彼がオムリ王朝の王族であれば納得がいく。また、スサノオ命は「神やらひ」によって高天原から追放されるので、高天原を治めることはできない。

その代わり出雲に進出し、そこを拠点に近畿や朝鮮半島に勢力を拡大していくのである。

アマテラスは高天原を治め、天孫降臨を企画実行することになる。

イザナギ大神の禊と祓いから三貴子の誕生までは、かなり時間が経っている。イザナギ大神の禊と祓いをソロモン王が死去した紀元前九三〇年頃とし、また三貴子の誕生をオムリ王朝誕生の紀元前八七六年頃とすると、約五十六年の月日が流れている。古代イスラエルでは南北戦争が激化した時代である。

この間、葦原は高天原との交流が激減したであろう。けれども、イザナギ大神を中心に国生み神生みを続けたのである。

■夜の食国の月読命は誰だったのか

古事記編纂者は、夜の食国を治める月読命という、いかにも漠然とした王族を先祖として祀るために、古事記神話に挿入したのではないかと思われる。「命」は、古事記神話を通して、天皇家と血縁関係にある王族を示している。そうすると、月読命はアッカドに支配されたウルの王族だったと考えられるであろう。

ウルはアブラハムが住んでいた地であった。ダビデの血を引く天孫にとって縁のある場所である。ここには、ジグラットと呼ばれる階段ピラミッドがある。これは、月の神シンを祭る神殿であった。また、ウルはイラク戦争時に日本の自衛隊が駐留したところで、現在のサマーワの地である。日本とウルは、何かしら因縁があるようだ。

紀元前十世紀ごろ、ダビデ・ソロモン王の命令で日本に渡来した高天原人は、すでに移住していたシュメール人に会ったのかもしれない。アブラハムはヘブライ人の祖であり、シュメール人の王朝の都があったウル出身であるから、意気投合したであろう。同胞愛のようなものがあったかもしれない。

第五章　アマテラスの神話の新しい解釈

1　二神の誓約《うけひ》生み神話

■アマテラスの勝利宣言

アマテラスとスサノオ命は、二神の誓約生みをする（『古事記（上）全訳注』次田真幸訳　80～86P　講談社学術文庫）。この神話の冒頭で、スサノオ命は高天原にやって来て、アマテラスに対し邪心がないことを証明しようとするが、アマテラスはスサノオ命が危害を加えるおそれがあることを知っていた。それゆえ、アマテラスは警戒心を緩めなかった。

二神の誓約生みで、アマテラスは三人の比売を選んだ。

「建速須佐男命の帯びている十拳の剣を受け取って、これを三つに折り、玉の緒がゆれて玉が音を立てるほど、天の真名井の水に振り濯いで、これを嚙みに嚙んで砕き、吐き出す息の霧から成り出た神の御名は、多紀理毘比売命《タキリビメノミコト》、市寸島比売命《イチキシマヒメノミコト》、多岐都比売命《タキツヒメノミコト》」

どの比売命も「天」の字を含んでいないので、アタリアの性格や容姿を受け継いだオリム王朝系の女王だったと考えられる。ただ、この神話の時代に、南ユダ王国第六代王アハズヤが生きていたなら、北イスラエル王国の王女だった可能性がある。

一方、スサノオ命は五人の男子を選んだ。

「アマテラス大御神の左の角髪に巻いておられる、多くの勾玉を貫き通した長い玉の緒を受け取り、玉の緒がゆれて玉が音を立てるほど、天の真名井の水を振り濯いで、これを嚙みに嚙んで砕き、吐き出す息の霧から成り出た神の御名は、正勝吾勝勝速日天之忍穂耳命《マサカツアカツカチハヤヒアメノオシホミミノミコト》、……天之菩卑能命《アメノホヒノミコト》、……天津日子根命《アマツヒコネノミコト》、……活津日子根命《イクツヒコネノミコト》、……熊野久須毘命《クマノクスビノミコト》」

「天」の字が付されている命は、ダビデ家の性格や容姿を受け継いでいると思われるエルサレム王朝系の王子だったと考えられる。しかし、活津日子根命と熊野久須毘命は、アハズヤのいとこの子、あるいは北イスラエル王国の王子だったのかもしれない。

ここでアマテラスは、スサノオ命に自分の勝利を宣言してしまう。

「この後で生まれた五柱の男の子は、私の物である玉を物実《ものざね》として成り出た神である。だから当然私の子です。先に生まれた三柱の女の子は、あなたの物である剣を物実として成り出た神である。だから当然あなたの子です」

これに対してスサノオ命は、アマテラスの判断を不服とする。

「私の心が潔白で明るい証拠として、私の生んだ子はやさしい女の子でした。この結果から申せば、当然私が誓約に勝ったのです」と憤慨し、その後、アマテラスに暴行を働くのである。

スサノオ命は何が不服だったのだろうか。

アマテラスは、玉《ぎょく》を物実《ものざね》としてスサノオ命が生んだ命五柱が自分の子であると言い、剣を物実として自分が生んだ比売命三柱がスサノオ命の子であると言っている。姉弟の関係にあるアマテラスとスサノオ命の間で、物実違いで王子たちが姉の子になったり、王女たちが弟の子になったりすることがあるのだろうか。この部分は、古事記神話のなかでも最も解釈が難しいところであろう。

アマテラスが、スサノオ命が玉から生んだオシホミミ命を自分の命として勝利宣言をするというのは、オシホミミ命の親権を獲得することに他ならない。二神の誓約生みの勝利とは、アマテラスがオシホミミ命を含む王子達の親権を獲得することであった。

オムリ王朝の世継ぎは、北イスラエル王国及び南ユダ王国ともに、剣で倒れていなくなった。だが、王女たちは殺されずに生きていたであろう。だからスサノオ命は王女だけを生んだのである。

オシホミミ命はアマテラスの玉によって生き残った。この玉は、アマテラスの愛情である。女性は子供に危険が降りかかると、無意識に母性本能が働いてその子供を救う。実際に寝具室でヨアシュを抱いて匿っていたのは乳母だった。この乳母が、天宇受売命《アメノウズメノミコト》だったと思われる。

このように、二神の誓約生みの神話は、安万侶がヨアシュの物語の一部を古事記神話の神話という文体に書き換え記したものである。それ以外にないと思われる。

■アマテラスの天孫降臨の理由

ヨシェバは、まだ少女のころ、エルサレムで自分の兄弟たちや父ヨラムの妃たちがペリシテ人とアラブ人達にさらわれるという惨事に遭遇していた（歴代誌下21章16～17節）。この時、弟アハズヤは八～十五歳ぐらいの年齢であったと思われる。彼はヨラムの最年少の息子で、ただ一人残された男子であった。母アタリアはさらわれずに宮殿におり、ヨシェバも残された。

肝心のヨラム王は、遠征に出ていてエルサレムにいなかった。王が都を離れる情報が外部に漏れていたと思われる。宮殿の中は悲惨極まりない状況だったに違いない。ペリシテ人とアラブ人達に抵抗した護衛兵などは殺害され、宮殿のあちこちで遺体となってさらされていたはずだ。

祭祀長のヨヤダはかなり高齢だったので、ヨラムとともに戦場へは行かず、宮殿にいて、事件の一部始終を見ていたのかもしれない。ヨシェバの脳裏には、このペリシテ人とアラブ人によるエルサレム襲撃事件が脳裏に焼き付いたことだろう。

エルサレムのダビデの血を引く王子たちは、いつも命を狙われていたのである。古事記神話には「命」という言葉が付いた人名がたくさん出てくるが、これらは古代イスラエル（または、南ユダ王国か北イスラエル王国のいずれか）の王族である。旧約聖書に記されたオムリ朝の歴史を見れば、ヨアシュを外国に移住させる動機は十分あった。

ヨシェバは、アタリアが自分の孫たちを殺害しようとした際に、すばやくヨアシュの身の危険を察知し、宮殿の寝具室に乳母とともに隠れさせた。このことから見て、王子や王女の管理を任されていたと思われる。

アハズヤがヨアシュを生んだ時、再びペリシテ人やアラブ人の襲撃を受けることが想定されていた。エルサレムの高官は、できるだけ早い時期に、アハズヤの血を引く王子の何人かと、他の選ばれた王子たちをアラブ人やペリシテ人の手の届かないところに移住させようと考えたであろう。

では、どこに移住させようと考えたのであろうか。もちろん葦原であった。葦原は、すでにダビデ・ソロモン王の時代に金採取・精錬事業のために国生みと神生みがなされていた。ヨシェバの時代には、古代エルサレムと葦原の関係はすでに百年以上続いていたことになる。葦原はエルサレムが最も信頼できる地であった。あの島国にダビデの子孫を移住させて、未来永劫国を存続させようとヨシェバ＝アマテラスは思ったのである。

2　天の真名井と古代イスラエルの接点

「真名井《まない》」という言葉は、奇跡の「マナ」と「湧き水」が合わさった言葉である。二神の誓約生みの神話では、アマテラスがオシホミミ命の親権を獲得することが奇跡であったと古事記編纂者は思ったのである。オシホミミ命を守ることができたのは天御中主之神と皇祖神のおかげではないかと、古事記編纂者は考えたのではなかろうか。

天の橋立近くにある元伊勢《もといせ》・籠神社《かご》には、組まれた岩から天の真名井の湧き水が出ている場所がある。この神社には石碑があって、それにダビデの星が刻まれていたが（『日本とユダヤ運命の遺伝子』久保有政著　182〜183P　学研）、今は三つ巴紋に変更されている。なお、この神社では豊宇気毘売神も祀られている。

また、真名井神社という名の神社が島根県松江市山代町にもある。これは、スサノオ命がオムリ朝の王族であるからではないだろうか。出雲と伊勢の両方にあったほうが、倭（大和）という概念に適《かな》っていると思われる。

さらに、ニニギ命が降臨した高千穂峡の川幅が狭まったところから流れる滝は、真名井の滝と呼ばれている。アマテラスやスサノオ命にとって縁の深いものであったに違いない。

古代イスラエル人がシナイ半島の荒野で得た貴重なマナと湧き水は、神ヤハウェの恵みである。その恵みを忘れないようにと、これらの神社に「真名井」の名の付く水源が置かれていると思われる。

3　スサノオ命の乱暴行為はオムリ王朝のバアル信仰

■スサノオ命の畦を埋める行為等

二神の誓約生みでは、スサノオ命がその結果を不服として非常に憤慨した。その感情が、実際にはアマテラスへの乱暴につながっている。スサノオ命は、田の畦《あぜ》を壊し、新嘗祭《にいなめのまつり》の新穀を召し上がる神殿に糞をひり散らして穢し、忌服屋《いみはたや》で機織女《はたおりめ》を死に追い込んだ。

スサノオ命がアマテラスに嫌がらせをする行為は、オムリ王朝が南ユダ王国に与えたバアル教の悪影響である。スサノオ命が畦を壊す行為は、南ユダ王国の宗教面、政治面、経済面のすべてに打撃を及ぼしたことを暗喩したものだ。

アタリアは、南ユダ王国第七代王になる以前にも、夫が病に倒れた際には摂政となり、祭司長マッタンをエルサレムに招き、エルサレムでバアル神を祀ったと思われる。それまで行っていた神殿の儀式が中断されてしまったこともあっただろう。これは神ヤハウェを礼拝するエルサレムにとっては大変迷惑なことである。

次に、スサノオ命が新嘗祭の新穀を召し上がる神殿で糞をひり散らかす行為は、アタリアが連れてきたバアル教祭司が、エルサレムでは禁じられた儀式を行ったことを示している。淫行的儀式など（列王記上14章24節）がそれである。こんなことが起これば、祭司のレビ族が黙ってはいなかったに違いない。

また、フェニキア産の煌びやかな装飾品や織物をエルサレムに輸入したであろう。そうなると、既存の装飾品や織物を製造する職人の仕事は激減したであろうし、夫人達が装飾品や化粧で着飾って、エルサレムの風紀が乱れたと考えられる。

それでもアマテラスは辛抱強く耐えた。なぜかといえば、北イスラエル王国と南ユダ王国が第四代王ヨシャファトの時代から同盟を結んで、ダビデ・ソロモン王時代に匹敵するほど政治面と経済面において回復してきたのが、北イスラエル王国とフェニキアのシドンの海洋貿易のおかげであると認めていたからであろう。また、スサノオ命は弟であったから、大目に見たかったに違いない。

■忌服屋でのアマテラスの悲劇

しかし、スサノオ命の怒りはさらにエスカレートする。アマテラスは、忌服屋にいた時に、神に献じる神衣を天の機織女に織らせた。スサノオ命は、その忌服屋に穴をあけ、皮が剝がれた斑馬《ふちむま》をその穴から地面に向けて突き落した。その機織女は、「ほと」を梭《ひ》で突かれて死ぬのである。

天の機織女とは誰なのか。考えられるのは、宮殿に住む王族の衣装や祭司の衣装を作った女官である。忌服屋は宮殿内の衣装を制作するところで、大勢の女官たちが集まるところだったと考えられる。機織女が「ほと」を梭で突かれて死んでいく神話は、アタリアが自分の趣味嗜好に合う衣装をつくれと命令し、それに反抗した女官が始末されたという事件を表現したものであろう。

馬はエルサレムにとって神聖な動物である。ソロモンの時代から神殿近くで飼われていた。伊勢の神宮でも馬が飼われているが、起源は同じであると思われる。その馬を忌服屋の屋根に穴をあけて落とすなどというのは、皇祖神に対する冒瀆に他ならない。古事記神話のスサノオ命の暴行の目的は、それに尽きる。

スサノオ命のアマテラスに対する嫌がらせは、オムリ王朝アハズヤとアタリアのエルサレムでの政治的宗教的暴走を描いたものである。

■天《あめ》の石屋戸《いはやど》の神話

とうとうアマテラスは、数々のスサノオ命の暴行行為の結果、疲れ切って天の石屋戸の中に籠ってしまった。

「恐れて天の石屋の戸を開いて中に籠《こも》られた。そのため高天原も葦原中国もすべて暗闇になった。こうして永遠の暗闇が続いた。そしてあらゆる邪神の騒ぐ声は、夏の蠅のように世界に満ち、あらゆる禍《わざわい》が一斉に発生した」（『古事記（上）全注訳』次田真幸訳　86～95Ｐ　講談社学術文庫）。

安万侶は、邪神、すなわちスサノオ命が世界の禍の原因であると言っている。これは、アタリアが起こしたダビデ家鏖殺《おうさつ》事件を効果的に表現したものだ。その事件は南ユダ王国や日本にとってきわめて暗いニュースであり、アタリアの悪事は、エジプトやアッシリアなどの他の国々に知られたであろう。そして、アタリアが南ユダ王国の女王となり、悪事はとどまることがなかったということである。

高天原も葦原もすべて暗くなったというのは、アマテラスは、スサノオ命の乱暴を受けて、高天原を平安に治めるどころではなかったということである。また、葦原とも長らく交信がとだえていたであろう。その上、命を狙われていた高天原の太子オシホミミ命をどのように守ればいいか、ひどく悩んでいた。

天の石屋戸に籠ったアマテラスは、いったい何を考えていたのだろうか。もちろん、オシホミミ命を何とかして生きている間に葦原に移住させようとしていたに違いない。人気のない洞窟で、一心に天之御中主神や高御産巣日神に祈るアマテラスの姿が思い浮かぶ。

天の石屋戸は、実際に南ユダに存在する場所なのだろうか。考えられるのは、ダビデが義父サウルに命を狙われていた時に、アドラムの洞穴に隠れたことがあった（サムエル記上22章1節）、その場所である。アマテラスは同じ洞穴に身を隠し、高天原がスサノオ命の乱暴から逃れることができるよう、天御中主之神と皇祖神に祈ったのではなかろうか。

■古代イスラエル人はバアル教信者を蝿と呼んでいた

この神話には、もう一つ重要な旧約聖書と古事記神話の接点がある。

ソロモン王の時代あたりから、古代イスラエル人は、バアル教を信仰するフェニキア人やペリシテ人たちを「蝿」と呼んでいた。この呼び方は、エクロンと呼ばれるペリシテの地で崇拝されたバアル神の名前がバアル・ゼブブであったことに由来する（列王記下1章2）。つまり、この「ゼブブ」が、ヘブライ語では「ぶんぶんささやく」という意味なのである。それで、古代イスラエル人は、バアル教を古代イスラエルに持ち込んだフェニキア人・ペリシテ人たちを「蝿」と呼んだのである。

新約聖書においても、ベルゼブルと名称が変わってはいるものの、悪霊の頭として、当時のファリサイ派のユダヤ人はバアル神を忌み嫌っていた（マタイによる福音書12章24〜32、マルコによる福音書3章20〜30）。

古事記神話における「あらゆる邪神の騒ぐ声は、夏の蝿のように世界に満ち、あらゆる禍が一斉に発生した」という表現は、古代イスラエル人が、バアル教を信仰していたフェニキア人を蔑《さげす》んでいう言葉であり、古代イスラエル人特有の表現である。それが古事記神話に記されているのであるから、重要な旧約聖書との接点と考えてよい。

このように、旧約聖書のオムリ朝の歴史と古事記神話の接点を探し、古事記神話に隠された史実を読み取ってきたが、複雑な高天原の史実をみごとに神話形式にまとめ上げ、史実に対するアマテラスとスサノオ命の心理・心境を生き生きと描いた安万侶の文学の才能には、ただただ驚かされるばかりである。

4　思金神《オモヒカネノカミ》と八百万《ヤホヨロズ》の神々の神事

■八咫鏡《やはたのかがみ》と八尺瓊勾玉《やさかのまがたま》の準備

アマテラスが石屋戸に籠もり、困った八百万の神々は、天の安河《やすかわ》に集結し、会合を開いた。高御産巣日神（高木神）の子である思金神を選び、高天原が再び日の光で明るくなるよう対策を考えさせた。この神話は、思金神と八百万の神々が高天原からスサノオ命の支配を排除するため、様々な神事を行ったという話である。

思金神から連想される「金」は、金銀銅鉄などの鉱物のことで、思金神が天孫降臨の幹事的な役割を担っていたのではないだろうか。この神話では、三種の神器のうち鏡と勾玉が製造される。

思金神は、まず常世の国からの鳴鳥を集めて鳴かせ、天の安河の川上の岩をとり、天の金山《かなやま》の鉄《まがね》を取って、鍛冶師天津摩羅《かぬちあまつまら》を探し、伊斯許理度売命《イシコリドメノミコト》に命じて鏡をつくらせた。これが八咫鏡である。

常世の国からの鳴鳥は、おそらくエジプト神話の不死鳥、ベンヌのことであろう。皇室が永遠に続くことに関係する縁起の良い鳥である。ベンヌは、嘴《くちばし》の黄色いアオサギではないかと言われている。

鍛冶師天津摩羅が使う炉は、天の安河の川上の岩から製作し、鏡は、天の金山から掘り出した鉄鉱石を使い、伊斯許理度売命が責任をもってつくったと読める。紀元前九世紀、古代イスラエルは鉄器をつくる技術を持っていた。鏡は当時の貴族の婦人たちの間で使われていた、女性の美を表す神器である。鏡は光を発して光輝くもので、スサノオ命の邪悪さとは対照的なものである。

次に思金神は、玉祖命《タマノオヤノミコト》に命じて、たくさんの勾玉《まがたま》を通した長玉緒をつくらせた。これが、八尺瓊勾玉である。ヨセフ・アイデルバーグによると、勾玉はその形が「コンマ」に似ており（『日本書紀と日本語のユダヤ起源』ヨセフ・アイデルバーグ著　久保有政訳　57P　徳間書店）、それは、ヘブライ語の「ヨッド」という文字、「ヤー」と発音され、神の御名「ヤハウェ」を表す短縮形の文字だそうである。八尺瓊勾玉は神聖な装飾品であることが分かる。さらにこれは、首飾りとして女性が身に着けるものであるから、これも女性を表す神器ではないかと思われる。多産や財力に関係しているのであろう。

勾玉は縄文遺跡から多く出土される装飾品である。原材料はヒスイなどの石で、北陸地方が産地である。

イザナギ命・イザナミ命の時代に、葦原から高天原に伝わった宝石なのかもしれない。

アマテラスは、二神の誓約生みの神話で、玉の物実から生まれたオシホミミ命たち王子五人を自分の子にした。玉は、女性の子供に対する愛情の象徴である。

八尺瓊勾玉にも八咫鏡にも、数字の「八」が入っている。これは、オシホミミ命が南ユダ王国第八代王ヨアシュであることから、この「八」を採用しているのではないか。また、オシホミミ命の諡《おくりな》は、正勝吾勝勝速日天之忍穂耳命であるが、「勝」という文字が三回も使われている。極めて運の強い太子だったことがその名前から分かる。ヨアシュ王の和名としてよく彼の特徴をとらえていると言っていい。

■アマテラスを天石屋戸から引き出すための神事

思金神は、天児屋命《アメノコヤネノミコト》と布刀玉命《フトダマノミコト》を呼び、天の香具山《かぐやま》の雄鹿の肩骨を抜いて、その山の朱《かにわ》桜《ざくら》を取り、鹿の骨を焼いて占わせ、神意をうかがった。布刀玉命は、天の香具山の枝葉の茂った賢木《さかき》を根ごと掘り起こし、上枝に勾玉を通した長玉緒を掛け、中枝に八咫鏡を掛け、下枝に白和幣《しらにきて》・青和幣《あをにきて》を垂れ掛けた。その命は、これらの種々の品を神聖な供え物として捧げ持っていた。白和幣・青和幣は、カジノキの皮から作った布が白和幣で、麻でつくった布が青和幣である。麻でつくった布は少し青みがかっている。

天児屋命は、祝詞《のりと》を唱えて祝福した。天の石屋戸のわきには、天手力男神《アメノタヂカラヲノカミ》が隠れて立っていた。この神話は、天児屋命と布刀玉命が鹿占をして神意をうかがおうとしているところが重要であると思われる。

天児屋命と布刀玉命は、スサノオ命が高天原で乱暴を働き様々な禍を起こしているが、放っておけない、これをどうしたらいいのかと、神の判断を仰いだのである。その時、アマテラスは天の石屋戸から出てこない状態であった。

思金神も八百万の神々も、何とかしてアマテラスにそこから出てもらって、以前のように高天原と葦原に光を照らしてほしいと願っていたであろう。光が照るということは、スサノオ命が高天原から追放され元の状態に戻ることである。

スサノオ命が猛威を振るっていた時の高天原の事情では、アマテラスが天孫降臨を実行することは極めて困難だったようだ。スサノオ命の乱暴による高天原の禍は増えるばかりで、アマテラスの心にあったのは絶望感だけだったに違いない。そこで突然、天宇受売命が八百万の神々の前で裸踊りをし、神々は大笑いするのである。

ここは、旧約聖書に記された、死んだはずだと思われたヨアシュが生きていたことを知ったエルサレムの民の歓喜と繋がっている。

■天の安河と天の香具山はどこだったのか

八百万の神々が集う天の安河は、いったいどこだったのか。高天原は、古代イスラエルであるから、それはガラリア湖と死海の間を流れるヨルダン川がまず真っ先に思いつく。ガラリア湖の南端から死海までの距離は、直線で約一〇〇キロメートルである。川岸は、柳や夾竹桃《きょうちくとう》などで縁どられ、その茂みには獅子が潜んでいた（エレミヤ書49章19節）。

ヤコブが渡ったとされるヨルダン川とヤボク川が合流する地域までは、渡渉場《としょうじょう》が多く、簡単に川を渡れるが、そこから死海に向けては川の流れが急で渡れない場所も多い。預言者エリヤとエリシャは、イエフを王にする啓示を神ヤハウェから受ける前にエリコからヨルダン川を渡った。おそらく、天孫降臨を考えた南ユダ王国の有志達がエリコから近いヨルダン川の川岸に集まり、エリヤとエリシャ達預言者から、南ユダ王国が北イスラエル王国のようにバアル教が国教になって、国が滅びてしまう状況を挽回するためにどうしたらいいか、助言を受けていたのではないか。

エリヤが、北イスラエルのバアル教の祭司四百人を神の火でもって抹殺したことは、エルサレムに知られていた。ヨシェバやヨヤダ、そして彼らの部下たちが、エリヤのように神の力を持っている預言者に相談した可能性は十分ある。

天の香具山は、古代イスラエルのどの山なのであろうか。おそらくこの山は、モリヤ山であろう。アブラハムは、モリヤ山で息子のイサクを捧げた。実際には神ヤハウェがアブラハムに一匹の雄羊を与え、彼はその羊を捕らえ、息子の代わりに焼き尽くす捧げものとした。古事記神話では、雄鹿の肩の骨を抜いて、天児屋命と布刀玉命に占いをさせて神意をうかがわせている。

先述したが、長野県では御頭祭という、アブラハムが息子イサクを捧げた神話によく似た神事が諏訪大社で行われる。生贄《いけにえ》は、鹿の首が捧げられる。犠牲になるのは、羊ではなく鹿である。七十五頭の鹿が屠《ほふ》られる。羊は最近になって日本で飼われ始めたが、もともと日本にはいない家畜であるから、その代用として鹿が使用されたのであろう。

5　アマテラスと天宇受売命の母性愛

■天宇受売命はだれだったのか

天の石屋戸の外では思いもよらぬことが起こる。天宇受売命が「天の香具山の日陰蔓《ひかげのかずら》を襷《たすき》にかけ、真折葛《まさきのかずら》を髪に纏《まと》い、その山の笹の葉を束にして手に持ち、天の石屋戸の前に桶《おけ》を伏せてこれを踏み鳴らし、神がかりして、胸乳をかき出し、裳緒《もひも》を陰部《いんぶ》まで押し下げた。すると、高天原が鳴りとどろくばかりに、八百万の神々が一斉にどっと笑った」（『古事記（上）全注訳』次田真幸訳　90～91P　講談社学術文庫）

天の石屋戸の前で、若い天宇受売命が八百万の神々の前で裸踊りをした。アマテラスは、賑やかになっている外を不思議に思い、天の石屋戸の入り口を少し開けた。

「私がここにこもっているので、天上界は自然に暗闇となり、また葦原中国《あしはらのなかくに》もすべて暗黒であろうと思うに、どういうわけで天宇受売命は舞楽をし、また八百万の神々はみな笑っているのだろう」

天宇受売命は、アマテラスに答えた。

「あなた様にもまさる貴い神がおいでになりますので、喜び笑って歌舞しております」

その間に、天児屋命と布刀玉命が、八咫鏡をさしだしてアマテラスに見せようとすると、アマテラスは、そろそろと石屋戸から身を出し、その鏡を覗こうとした。その時に戸の側に隠れていた天手力男神が、アマテラスの御手をとって引き出し、「この縄から内にもどってお入りになることはできません」と申した。

　すると高天原も葦原中国も明るくなった。皇祖神が守られたからである。この時点で、思金神と八百万の神々の願いがかなったこととなる。

　旧約聖書において、天宇受売命とされる女性は存在するのであろうか。この女性は、おそらくヨアシュを寝具室で守った乳母だったのではないかと思われる。ヨシェバは、その乳母の行動にどれだけ元気づいたであろう。

　ヨヤダの兵士たちは、アタリアとバアル教の大祭司マッタンを殺害し、南ユダ王国では七歳のヨアシュが南ユダの王となった。エルサレムの民は万歳をして喜んだ。これでオムリ朝が持ち込んだバアル教は排除されることとなった。ヨシェバとヨヤダは、ヨアシュが成人になるまで南ユダの政治を執ったのである。

　高天原が明るくなったのは、高天原の王家の、死んだと思われていた王子が生き残っていたことを八百万の神々が知ったからである。つまり、ヨアシュ王がアタリアに殺されずに済んだことを、エルサレムの民が知ったからである。

安万侶は、天宇受売命が八百万の神の前で裸になったことを神話に含めた。これは、女性が大勢の人前で裸体をさらすことはとても勇気がいることだという心理状態を使っている。この神話の本意は、天宇受売命がオシホミミ命を救うために出した勇気を表現しているのである。

天の石屋戸の物語は、オシホミミ命の子ニニギ命が葦原に天孫降臨する前の重要な出来事であった。アマテラスが日本の神の中で最も位が高いのは、こういった歴史的偉業が根拠になっている。

アマテラスの神話は女性が主役である。当時は男性の時代で、女性が政治で活躍することは極めて稀《まれ》だった。王族の太子が皆殺しにされると南ユダ王国の神聖政治ができなくなる事態に陥るので、それは何としてでも避けなければならなかった。

アマテラスは、子を産む女性として幼児が政治的な理由で無残に殺されないよう、どこか遠くの海に囲まれた島国に移住させたかったのである。女性でないとそういう考えは起こらない。男性であれば、兵力増強やエルサレムの城壁の強化という手段をとるであろう。しかし、それではニニギ命の天孫降臨には至らなかったであろう。

■アマテラス神話のなかのギリシャ神話

アマテラス神話の中には、ギリシャ神話に酷似している部分が二つある。吉田敦彦氏は、アマテラスが天の石屋戸の中に隠れる話と天宇受売命が裸で踊り八百万の神々を笑わせる話のいずれもがギリシャ神話に出てくると指摘した。いったいこれはどういうことなのか（『日本人

の心のふるさと　日本神話はなぜギリシャ神話に似ているのか』吉田敦彦著　ポプラ者教養文庫）。

天の石屋戸の話は、女神デメーテルが弟のポセイドンから受けた乱暴により岩屋に隠れる、すると飢饉《ききん》を招き、民を困らせたという神話にそっくりで、天宇受売命が裸で踊りをする話は、そのデメーテルの怒りを解くために、バウボという女性が全裸になり神々を笑わせたという神話とよく似ている（『ブリタニカ国際大百科事典』バウボの項を参照）。バウボの神話は、あまりにも天宇受売命の神話に似ている。違いといえば、バウボが老女で、観客が笑ったのは彼女の非魅力的な裸体であったことくらいだ。対照的に天宇受売命は、若い魅力的な女性の印象をもっている。

ギリシャ神話の女神デメーテルは、大母神《だいぼしん》であり、子供の養育係の女神であった（『ギリシャ神話上』呉茂一著　261～280P　新潮文庫）。彼女の役割は、領主ケレオスの妻メタネイラの一人息子デーモポーンを不死の神に育てることであった。

太安万侶は、アマテラスが高天原で養育係だったことを知っていて、デメーテルの神話を古事記神話に引用したのではないかと思う。先述したが、ヨシェバも旧約聖書から、ダビデ家の王子や王女の養育係であることが読み取れる。ここも重要な旧約聖書と古事記の接点である。

ヨシェバが聖母であることに疑いはない。彼女ほど、ダビデ家が危険に曝されたのを体験した人物は、聖書のどこを探してもない。それ故、ダビデ家の血筋を何とかして守ろうという信念を誰よりも強く持っていた。

摂政ヨヤダはかなり年を取っていたので、南ユダ王国の政治はヨシェバが行わなければならない部分が少なくなかったであろう。彼女自身、父のヨラムと弟のアハズヤの時代に王子の鏖殺事件を二回も経験していたから、このままでは遅かれ早かれダビデ家は滅びてしまうと思っていただろう。もしかしたら、北イスラエルと南ユダの滅亡の予言があったのかもしれない。それで、葦原への天孫降臨を考えるに至ったのである。

安万侶は、女神デメーテルの神格を古事記神話に変形して引用した。オシホミミ命を葦原に天降りさせようとしたアマテラスの母性愛を表現したかったからである。旧約聖書の物語で女性が活躍することはほとんどなく、あるとすればエステル記ぐらいである。

ヨアシュをただ東の果ての国に送るのは心細い。そこで、ヨシェバが最も信頼していた、ヨアシュを救った乳母を天孫に同伴させたのではなかろうか。彼女はその後、猿田毘古神《サルタビコノカミ》に嫁ぐことになる。猿田毘古神といえば、伊勢神宮の敷地を提供した神である。アマテラスは天宇受売命に、葦原で必ず神殿を建てるよう命令していたのであろう。

6　スサノオ命の高天原からの追放

■八百万の神は「地《ち》の民《たみ》」である

ヨヤダ（高木神）は、「主と王と民の間に、主の民となる契約を結び、王と民の間でも契約を結んだ」（列王記下11章17節）と記している。王が、神ヤハウェの御前で民と契約を結ぶことは重要であった（サムエル下5章3節）。しかし、ヨアシュ王が、わずか七歳であったので、民との契約を結べなかった。また、アタリアの時代に国は乱れ、早急の立て直しを迫られたので、祭司長ヨヤダが王の代行者として民と契約を結んだのである。

ヨヤダは、神ヤハウェの民も政治に参加できる民主主義政治を敢行した。これは、当時としては画期的な改革であった。ヨヤダに協力した民の中には、「地の民」と呼ばれ、主に神殿の修理や城壁の補修を手掛けた人々がいた（『ユダヤ人の歴史［古代・中世編］選民の誕生と苦悩の始まり』ポール・ジョンソン著　石田友雄監修　阿川尚之、池田潤、山田恵子訳　157～164P　徳間文庫）。おそらく、彼らが八百万の神々ではなかろうか。

他にも、預言者だとか、前王アタリアとマッタンなどに追放されたレビ族の祭司もいたと考えられる。また、ダビデ・ソロモンの時代から、東方貿易で活躍したタルシシ船団を運営していた商人たちも含まれていたであろう。彼らなら、神ヤハウェに従い、天孫を高天原から葦原に移住させる準備ができたと考えられる。何より、大きな資金が必要だったので彼らの寄付が必要だったに違いない。

南ユダ王国は、第五代王ヨラムと結婚したアタリアがバアル教をエルサレムに持ち込んでからは、王がもはや神ヤハウェの言葉に従わない政治が長く続いた。神殿も修理を要する状態であった。補修の資金は、神殿に賽銭箱《さいせんばこ》を置いて民から募った（歴代誌下24章1～14節）。この資金集めの方法は、祭司長ヨヤダが考案した。日本では、賽銭箱はどの神社でも見られる。これは、ヨヤダ時代からの古い習慣ではないか。これも、古事記神話と旧約聖書の接点の一つで

アマテラスの神話

アマテラスの神話	旧約聖書の接点	年代
スサノオが高天原で乱暴する	夫ヨラム王の死後、アタリア摂政となる	前842年
2神の誓約産み	アハズヤ王が南ユダ王国第6代王になる	前842年
アマテラスが石屋戸に籠もる	アタリアが南ユダ王国第7代王になる	前842年
天児屋命等が神事を行う	ヨシェバとヨヤダ達の試練	
神やらひ	オムリ王朝の全滅	前837年
天宇受売命が裸踊りをする	南ユダ王国第8代王ヨアシュの即位	前837年

ある。

■スサノオ命の「神やらひ」

八百万の神々は、スサノオ命に贖罪《しょくざい》の品物を科し、髭《ひげ》と手足の爪を抜き高天原から追放した。スサノオ命の高天原からの追放は、オムリ王朝の王族が北イスラエル王国と南ユダ王国の両国から抹殺されたことである。この短い文章の中に、オムリ朝の滅亡の歴史が隠されている。

この後、オムリ朝の歴史がどう動いたかは、すでに述べたので割愛するが、オムリ王朝の北イスラエルと南ユダからの抹殺は、バアル教信仰とヤハウェ神信仰の宗教的争いだった。ヨアシュは、紀元前八三七年に南ユダ王国第八代王に即位したので、「神やらひ」は、紀元前八三七年に起きた出来事ということになる。

聖書考古学の研究により、イエフは実在したことが証明されている。また、イエフが殺害した北イスラエル王国第九代王ヨラムと南ユダ王国第六代王アハズヤは実在したことが分かっている。ヨシェバやヨヤダ、そしてアタリアも実在したであろう。

古事記神話では、スサノオ命はこの後、出雲に移住して国を建てた。そして、アマテラスは、天孫降臨を実行するため、出雲の大国主神に国譲りを認めさせた。古事記神話の記述が史実に基づいているなら、滅びたはずのオムリ王朝、つまりアハブ家は、出雲で生き残っていたということになり、ダビデ家もオシホミミ命の息子が高千穂で生き残っていたということになる。

本書で説明してきたとおり、古事記編纂者は、史実に基づいて古事記を書いたと思われる。そうすると、古事記神話は、世界が知らない史実を書き残した歴史書ということにもなるであろう。

第六章

スサノオ命の神話の新しい解釈

1　三種類のスサノオ命

スサノオ命の名前は、古事記神話において三種類ある。建速須佐之男命、速須佐之男命、須佐之男命であることはすでに述べた。

こうしてみると、スサノオ命は複数形になっている。日本語は複数形を意識して表現しない。一方、西洋の言葉には複数形か単数形かを必ず表記しなければならない言語が多い。古事記神話では、その複数形の概念が見られる。

では、なぜこのように異なる名があるのだろうか。これは、安万侶が複雑なオムリ王朝の歴史を古事記神話に反映させるための工夫であったと考えられる。オムリ王朝のアハブ家の人物をアマテラスに敵対する眷属として扱うことで、出雲に移住する前のスサノオ命の系譜や政治などを記さずに、できる限り簡素な神話表現にすることができた。

オムリ王朝は、隣国フェニキアと南ユダ王国の二国と同盟を結び、最後には消滅してしまう王朝である。アハブ家は、イエフによって滅ぼされ、アタリアによりヨアシュを除くユダのアハズヤ家も滅んでしまう。ところが、幸運と言うべきか、オムリ王朝の末裔が出雲に移住することができたのである。そうした歴史を、安万侶は古事記神話の出雲神話として記したのである。

スサノオ命の中で、最も記録が多いのが、速須佐之男命である。アマテラスと二神の誓約生みをするスサノオ命も、アマテラスに乱暴を働くスサノオ命も速須佐之男命である。さらには、「神やらひ」により高天原から追放されたのもこの速須佐之男命であった。

暴漢、速須佐之男命は、他のスサノオ命と違ってアマテラスの弟という関係にあった。従って、それは南ユダ王国第六代王アハズヤである。また、エルサレムで殺害されたアハズヤの母アタリアも、速須佐之男命である。この女王が、南ユダ王国から最終的に抹殺されるオムリ王朝の王だからである。

また、八俣《やまた》の大蛇《おろち》条では、初めのスサノオ命は須佐之男命であるが、その後は速須佐之男命であった。速須佐之男命は、八俣の大蛇を殺害した後、その尾から草薙剣《くさなぎのつるぎ》を見つけた。この剣は、後にアマテラスのもとに届けられた。このことから、その時期はアマテラスと友好関係があったユダのアハズヤの父ヨラム王（在位期間紀元前八四九から紀元前八四二）の時代であろうと考えられる。

ちなみに、前者の須佐之男命は、フェニキアのシドンの王族とみられる。北イスラエル王国

三種類のスサノオ

スサノオ命の種類	旧約聖書の接点	国
建速須佐之男命	アハブ王の王族	北イスラエル王国
速須佐之男命	南ユダ王国のアハズヤ王とアタリア王	南ユダ王国
須佐之男命	エト・バアルまたはその子孫	フェニキアのシドン

の船団と一緒に、シドンの船団が出雲へ来たと思われる。

八俣の大蛇の神話をみると、最初は須佐之男命が国津神の大山津見神に出会うが、その大蛇を退治する際には速須佐之男命に替わっている。根の国の須佐之男命と高天原の速須佐之男命が同時に出雲へ行って、強力な軍隊を持っていた高天原の速須佐之男命がその大蛇を退治したのである。

スサノオ命の子の大国主神が根の堅洲国《かたすくに》へ行くと、須佐之男命に出会った。須佐之男命は、須勢理毘売の父であったからである。大国主神が、出雲のスサノオ命（速須佐之男命）の子で根の国のスサノオ命（須佐之男命）の娘を娶るのはおかしな話であるが、安万侶の漢字表記の違いを考慮して、これらのスサノオ命が全く別の国の別人と考えれば問題は解消される。

根の国の須佐之男命は、フェニキアのシドンの王族のエト・バアルかその子孫であった可能性が高い。イエフがオムリ朝を滅ぼした後、オムリ王朝の末裔はサマリアには戻れず、イザベルの母国フェニキアのシドンを頼っただろう。そして大国主神は、そこで須勢理毘売命を娶って、出雲に降ったのではなかろうか。

イザナギ大神が鼻から生んだとされるスサノオ命は、建速須佐之男命である。建速須佐之男命は、三貴子の一人である。また、二神の誓約生みの物語では、十拳剣を佩《は》いているスサノオ命も建速須佐之男命であった。建速須佐之男命という表記は、これら以外、登場しない。建速須佐之男命と速須佐之男命を比較すると、建速須佐之男命は速須佐之男命より前の王族であることが分かる。アマテラスと建速須佐之男命には険悪な関係が存在しないことから、建速須佐之男命は、南ユダ王国第六代王アハズヤの少し前の時代で、北イスラエル王国第七代王アハブのことであろう。これを少し広めて、アハブの子第八代王アハズヤと第九代王ヨラムを含めることも可能である。

アハブは、アラムと戦闘を繰り返していた。この時、南ユダ王国第四代王ヨシャファトが、アハブと共にアラムと戦ったために、「建《たけ》」が速須佐之男命に付けられたと考えられる。古事記神話では、「建」には勇猛な戦士の意味がある。例えば、建御雷之神の「建」である。

以上をまとめると、北イスラエル王国のアハブ王が建速須佐之男命であり、南ユダ王国のオムリ王朝の王が速須佐之男命、フェニキアの都市国家シドンの王が須佐之男命ということになる。

2　スサノオ命の神話と出雲国の建国

■スサノオ命による阿波の国の襲撃

速須佐之男命は、まず大気都比売神を襲撃して殺害する。この神は、イザナギ命・イザナミ命の時代に生まれた神で、食の神である。速須佐之男命がなぜ大気都比売神を殺害したかは古事記神話には書かれていないが、大気都比売神の殺害後、阿波の国を支配したと思われる。

しかし、阿波は、淡路島に近い。イザナギ大神は、すでに淡路島に拠点をつくっていたと考えられる。また、四国の国々には、イザナギ命とイザナミ命によってつくられた愛比売《エヒメ》や飯依比古《イヒヨリヒコ》などの神々がいた。速須佐之男命の到着時には、これらの国津神の子孫が大勢増えていたであろう。速須佐之男命が阿波に定住しなかったのは、できるだけ高天原の影響を受けていない地域に国を造りたいという考えがあったからではなかろうか。

■八俣の大蛇の神話

古事記神話の八俣の大蛇条は、大山津見神の娘を掠《かす》め取りに来る八つの頭を持つ大蛇を、速須佐之男命が退治する物語である（『古事記（上）全訳注』次田真幸訳 97～104P 講談社学術文庫）。その娘とは、足名椎《あしなづち》・手名椎《てなづち》老夫婦の娘櫛名田比売《クシナダヒメ》であった。後にスサノオ命の妻になる比売である。

この神話は、ウガリット神話「バアルとモトの戦い」の大蛇を退治する物語と酷似している。異なるのは、大蛇の頭の数が八ではなくて七であることである。旧約聖書にレビヤタンという爬虫類が登場するが、この大蛇を指している。

さて、八俣の大蛇は敵の軍隊である。もし八俣の大蛇が爬虫類なら、酒を飲んで酔っぱらうことなどあるわけがない。上古の時代は、現代のように語彙が豊富ではない時代であった。従って、相手を比喩的に表現するには、動物や植物など自然のものに置き換えて表現する以外、手段がなかったのである。だから安万侶は、上古の言葉もその内容も素朴《そぼく》と言ったのである。

この大蛇は、高志《こし》の国から来た。高志は北陸の越の国と言われているが、出雲の古志郷であるという意見もある。

速須佐之男命は、蛇について老人に尋ねた。

「その大蛇はどのような形をしているのか」

老人は答えて申し上げた。

「その目はホウズキのように真っ赤で、胴体一つに八つの頭と八つの尾があります。そして体には、ひかげのかずらや檜《ひのき》・杉の木が生えていて、その長さは八つの谷、八つの峰にわたっており、その腹を見ると、一面にいつも血がにじんで爛《ただ》れています」

八俣の大蛇条では、高志の国の民、または出雲の原住民の武装集団を大蛇に見立てて、その恐ろしさを表現していると思われる。ひかげのかずらや檜・杉の木は、武装集団の武器であろう。ここで安万侶は、古事記神話の物語にウガリット神話を使って、出雲の地域の支配権をスサノオ命が獲得したことを伝えているのである。古事記編纂者が重視しているのは、スサノオ命が、バアル神の精神によって出雲を支配することである。これは単なる伝説ではなく、史実に基づいている。

■スサノオ命の神裔《しんえい》

スサノオ命は櫛名田比売を娶り、神大市比売《カムオホイチヒメ》、木花知流比売《コノハチルヒメ》、日河比売《ヒカワヒメ》、天之都度閇知泥《アメノツドヘチネノ》神《カミ》、布帝耳神《フテミミノカミ》、刺国若比売《サシクニワカヒメ》を妻にした。大国主神《オオクニヌシノカミ》の母は、刺国若比売であった。

3　大国主神の神話

■因幡《いなば》の白兎《しろうさぎ》の神話

因幡の白兎の神話は、誰もがこどもの時に聞く昔話である（『古事記（上）全訳注』次田真幸訳　108～112P　講談社学術文庫）。この神話には、フェニキア人の特徴が二つ表されている。一つはワニで、もう一つは大国主神の医療知識である。

この神話において、狡猾な白兎は海のワニをだまして、隠岐の島から気多の岬まで島渡りをするが、白兎はワニを騙した罰として身ぐるみはがされ全身傷だらけになる。この神話に出てくるワニは、爬虫類のワニなのか。海にワニはいないはずである。イリエワニなら河口近くの海水域でも生息できるが、大洋に生息するワニはいない。

海原を支配していたスサノオ命は、竜骨船《りゅうこつせん》を使って高天原から出雲まで航行したであろう。竜骨船は、船首に竜の彫刻が施されることが多く、浅瀬で櫂《かい》を下げてゆっくり水面を動く様は、まさに竜そのものである。それで、上古の人々は、船をワニと呼んだのであろう。ナイル川にはワニが多く生息していた。また、エジプトでは豊穣の神とされていた。船をワニと最初に呼んだのはエジプト人かもしれない。

日本においては、船の守護神金比羅権現《こんぴらごんげん》が、サンスクリット語でワニを意味するらしい。因幡の白兎の神話は、インドネシアにもその原型があるといわれているが、古代イスラエルから日本へ竜骨船が航行していたことの名残ではなかろうか。

傷ついた白兎は、大国主神から、体を洗って蒲《がま》の花粉を撒き、そのうえに寝転べば傷が治ると言われ、そのとおりにした。すると体が元に戻った。大国主神は、全身傷だらけのウサギに蒲の花粉で治療する知恵を与えた。実際に蒲の花粉が擦り傷や切り傷の治療に効果があるかどうかわからないが、大国主神が医学・薬学の知識があった人物であったことがうかがえる。

フェニキア人は、エジプト人から医学・薬学・化学を学んでいた。特に、巻貝の内臓から採れるプルプラという微量の分泌液を、日光で化学反応させて得られる紫色の染料は有名である。また、彼らは薬草から酒やビールを作る方法を知っていた。古代エジプトでビールが愛飲されていたのはよく知られている。そのビールの製造方法が、フェニキアに伝わったのである。また、フェニキア人は、鮮やかな色を放つガラス製品を世界に先駆けて作った（『フェニキア人古代海洋民族の謎』ゲルハルト・ヘルム著　関楠生訳　117～130P　河出書房新社）。

スサノオ命が大蛇を酒で酔わせて簡単に抹殺してしまったのも、ビールの製造の知識があったからである。大国主神は海の神で有名であるが、医学の神でもある。古代の航海士たちは、人一倍健康に気をつけなければならなかった。ゆえに病気と薬の知識が身についていた。フェニキアを思わせる表現がスサノオ命の神話に出てくるのは、出雲の国がオムリ王朝の王族により建国された国であることを示すためではなかろうか。

■蚶貝比売《キサガイヒメ》・蛤貝比売《ウムギヒメ》の神話

スサノオ命の息子である大国主神の神話では、大国主神が八十神《やそがみ》からの迫害を二回にわたって受ける（『古事記（上）全訳注』次田真幸訳　113～117P　講談社学術文庫）。

一回目、嫉妬深い八十神は、焼けた石を山の麓から転がし落とした。何も知らない大国主神は、その石に焼きつかれ死んだ。しかし、御祖《みおや》の命《みこと》が高天原に上り、神産巣日神に大国主神を生き返らせるように懇願した。すると、神産巣日神は、蚶貝比売《キサガイヒメ》・蛤貝比売《ウムギヒメ》を出雲に送った。蚶貝比売は、赤貝の殻を削り、蛤貝比売は蛤《はまぐり》の汁で溶いた母の乳汁を大国主神に塗ると、その神は生き返ったとある。

一方、ウガリット神話には以下のような話がある（『ヘブライの神話』矢島文夫著　153～165P　筑摩書房）。

バアルは、死の神モトに神々を支配する権利を認め、下界に降り死者の仲間入りをする。妹の女神アナトは、バアルが死んだことを悲しむ。そして、一度死んだバアルを救うため、モトにバアルを蘇らせるよう要求する。しかし、モトがアナトの要求を拒否したため、彼女は怒ってモトに襲い掛かり、それに太陽神のシャパシュが加勢する。バアルは蘇り、弱っていたモトを倒すことになる。

二回目、八十神は大国主神をだまして山に連れ込んだ。大木を切り、楔《くさび》をその木に打ち立て、その割れ目に大国主神をおびき寄せ、その楔を引き抜いた。大国主神は死んだ。御母神《おやがみ》はその木を割いて、大国主神を抜き出して救った。しかし再び八十神が大国主神を殺そうとしたので、御母神は大国主神に根の国へ行くよう勧めた。

安万侶は、バアル神話を使って不死身の大国主神を表現しているのだろうか。大国主神も、バアル同様、末永く国の支配として地位が続くことを願っていたと思われる。人間は必ず死ぬが、その信仰は後世に受け継がれ、決して絶えないということであろう。

このように、迫害の神話は、バアルの生命力の強さを継承した大国主神の出雲での活躍を描いているのである。

4　出雲王朝と三輪《みわ》王朝の根源《ルーツ》

■須勢理毘売命の神話

大国主神は、根の国を訪問した（『古事記（上）全訳注』次田真幸訳　117〜124P講談社学術文庫）。そこで、須佐之男命に出会った。根の国は、フェニキアのシドンである。オムリ王朝の時代のシドンの王は、エト・バアルであった。彼がまだ生きていたなら、須佐之男命はエト・バアルということになる。

大国主神は根の国で須勢理毘売を娶るのだが、蛇のいる室に寝させられ、蜈蚣《むかで》と蜂のいる室に入れられるといった過酷な試練を受けることになる。しかし、そのつど妻の須勢理毘売に対処方法を教えられ、難なくその試練を潜り抜けてしまうのである。

須佐之男命は、今度は野原に矢を放ち、大国主神に矢を拾って来いと命令する。大国主神が野原に入ると、須佐之男命は火を放った。あっという間に目の前は火の海となった。須勢理毘売は、夫が焼死したと思って泣く。するとそこへ、大国主神が無事な姿でその矢を須佐之男命に差し出した。大国主神は、ネズミの教えで穴に潜り込み、火が頭上を通り過ぎるまでそこで隠れていたのである。

須佐之男命は、今度は大国主神を広い大室に呼び入れて、自分の頭の虱《しらみ》を取れと命令した。蜈蚣が須佐之男命の頭にたくさん集っていた。須佐之男命は、大国主神をかわいいやつだと思い安心したのか、眠ってしまった。

大国主神は、そのすきに須佐之男命を室屋《むろや》の垂木に結びつけ、大きな岩をその室屋の戸口に据えた。妻の須勢理毘売を背負い、生太刀《いくたち》、生弓矢《いくゆみや》、また、天詔琴《あまののりごと》を携えて室屋から逃げだした。逃げる最中、天詔琴が樹に触れて大地が鳴動し、須佐之男命を起こしてしまった。

須佐之男命は、黄泉比良坂まで追いかけ、逃げる大国主神に向かって、「お前が持っているその生太刀・生弓矢で、お前の異母兄弟を追い払い、大国主神となって須勢理毘売を正妻にし、宇迦《うか》の山のふもとに太い宮柱を深く掘って立て、空高く千木《ちぎ》をそびやかした宮殿に住め」と大声で叫んだ。

大国主神は、出雲に帰ると兄弟の八十神を生太刀・生弓矢で追い払い、須勢理毘売を正妻にした。この時代は、神政政治が主な政治体系であり、どれだけ宗教で国民の心を統一できるかが国を運営するうえで重要であった。大国主神は、バアル教の祖国である根の国から正妻を娶ることで国民の信頼を得て、国を治めようとしたのであろう。おそらく、シドンのような海洋民族の都市国家を建国しようとしたと思われる。

■大国主神の王妃たち

大国主神は、またの名を葦原色許男命《アシハラシコヲノミコト》、もしくは八千矛神《ヤチホコノカミ》という。その名前からは好色な印象を受ける。大国主神は浮気癖があった（『古事記（上）全訳注』次田真幸訳　125～134P　講談社学術文庫）。

大国主神の神話には、高志の国の沼河比売《ヌナカハヒメ》に求婚するに至り、正妻の須勢理毘売が嫉妬する物語がある。これは、好色で有名なフェニキア人の性格を露骨に表しているところである。

ところで、高志の国はいったいどこなのであろうか。ほとんどの解釈は越の国で、今の北陸地方としている。しかし、出雲族は船を自由に操ることができたので、越の国ならベトナムかタイだったかもしれない。いずれにせよ、大国主神は生命力の強い神だった。

大国主神は、須勢理毘売命、多紀理毘売命、神屋盾比売《カムヤタテヒメノミコト》、鳥取神《トトリカミ》、八上比売《ヤガミヒメ》、沼河比売、日名照額田毘道男伊許知邇神《ヒナテルヌカタビチヲイコチニノカミ》、葦那陀迦神《アシナダカノカミ》、前玉比売《サキタマヒメ》、比那良志毘売《ヒナラシビメ》、活玉前玉比売神《イクタマサキタマヒメノカミ》、青沼《アヲヌウ》馬沼押比売《マヌオシヒメ》、若尽女神《ワカツクシメノカミ》、遠津待根神《トホツマチネノカミ》と、合わせて十四人の比売を娶った。

事代主神《コトシロヌシノカミ》は、神屋盾比売から生まれた。須勢理毘売命と沼河比売には、子が生まれた記載はない。大国主神は、嫉妬深い妃を避けたからであろうか。

■高天原の多紀理毘売命が出雲に嫁ぐ

多紀理毘売命は、二神の誓約生みの神話で、アマテラスが十拳剣から生んだ比売命の一人である。この神話は、大国主神が、おそらく高天原で「神やらひ」にあったスサノオ命、すなわちオムリ王朝に残った王女を娶ったことを示している。

オムリ王朝が滅亡した後は、王子がいなかったので、王女のみ出雲に移住したのであろう。どれぐらいのオムリ王朝の関係者が出雲に移住したのかは、記紀にも旧約聖書にもその記述がないが、おそらくアハブが所有していた竜骨船を使って出雲に来たのではなかろうか。

大国主神は、有力な王の娘を娶ることで国力を上げようとしたのである。バアル教は、母から娘に伝わる宗教だったと思われる。おそらく、これはシドンの風習であろう。旧約聖書のオムリ王朝の歴史を見ても、バアル教は、母イザベルからアタリアへ伝わっていた。そして、スサノオ命の末裔にも伝わったのである。

速須佐之男命と神大市比売との間に生まれたといわれる大年神《オホトシノカミ》は、大国御魂神《オホクニミタマノカミ》から大土《オホツチノ》神《クニ》まで十七の神々を生んだ。大年神の妻は、伊怒比売《イトノヒメ》、香用比売《カヨヒメ》、天知迦流美豆比売《アマチカルミヅヒメ》であった。出雲においては、スサノオ命を祖として国造りがなされたことが記されている。そして、出雲の信仰は、バアル教をもとに土着の宗教と少しずつ融合していったと思われる。

■少名毘古那神《スクナビコナノカミ》の神話

少名毘古那神は常世の国からの神で、また神産巣日神の子であった（『古事記（上）全訳注』

次田真幸訳　１３８～１４３Ｐ　講談社学術文庫）。先述したが、本書では常世の国をエジプトと考えているので、少名毘古那神はエジプト由来の神となる。また、バアル教のコシャル・ハシスは、エジプトのメンフィス出身であり、バアルの求めに応じ棍棒《こんぼう》や神殿を造る神である。少名毘古那神とよく似ている（『ウガリトの神話　バアルの物語』谷川政美訳　34～36Ｐ　新風舎）。

ウガリット神話では、バアルがコシャル・ハシスに神殿を建設させるという話が何度も出てくる。事実、ウガリット遺跡ではバアル神殿が発掘された。神殿を建設することが、バアルの神エルに対する信仰の表れだったように思える。出雲の大国主神も、神殿建設を国造りの中枢と考え、神殿の建設を計画したのだろう。

大国主神は、神産巣日神の御祖《みおや》の命《みこと》に少名毘古那神のことを申し上げた。御祖の命は、大国主神に対して、少名毘古那神と共に協力して出雲の国を造り固めよと言った。そこで大国主神は、少名毘古那神と共に出雲の国を造り固めた。その後、少名毘古那神は祖国常世の国へ帰ってしまった。

大国主神は、これからどのようにして出雲の国を作り固めようかと一人悩んでいた。そこへ、海上を照らしながら近寄ってくる神があった。その神は、大国主神に言った。

「丁寧にわたしの御魂《みたま》を祀ったらば、わたしはあなたに協力して、共に国作りを完成させよう。もしそうしなかったら、国づくりはできないだろう」

大国主神は、その神に尋ねた。

「それでは、御魂をお祀り申しあげるには、どのようにいたしたらよいのですか」

その神は、大国主神に答えた。

「わたしの御魂を、大和の青々ととり囲んでいる山々の、その東の山の上に斎《い》み清めて祀りなさい」

大国主神の子孫は、この御魂を祀るために三輪山へ移った。

■出雲王朝と三輪王朝を建てたスサノオの末裔

三貴子の神話において、イザナギ大神は、アマテラスに「高天原を治めよ」と告げた。宿敵スサノオ命には「海原を治めよ」と命令を下した。スサノオ命は、大洋で商船や軍船を自由に操るオムリ王朝の王族だったから、大神から海を支配するように命令されたと考えられる。彼には、何処の国の土地も与えられない。悪く考えれば、高天原には行き場がなく、葦原の何処にも支配する国などないということだった。

要するに、イザナギ大神の命令は、アマテラスが支配する高天原と天孫が将来統治する葦原には入ってくるなということであろう。だから、スサノオ命は、葦原も治めることはできず、高天原も治めることもできず、行く国は妣《はは》の国しかなくなったので泣いていたのである。スサノオ命の立場は、滅んだオムリ王朝の立場に他ならない。

太安万侶や天武天皇は、スサノオ命が、フェニキア系の北イスラエル王族であるということを知っていたに違いない。そうでなければ、「汝《なんじ》は海原を治めよ」という記載をするはずがないのである。

オムリ王朝の王族は、母方の血を強く引き継いでいた。彼らは、イスラエルの十部族の王族というより、フェニキアのシドンの王族に近かった。彼らのバアル教への信仰がそうさせたのである。オシホミミ命の血統は、旧約聖書の歴史を借りて判断すると、南ユダ王国と北イスラエル王国の血が半分ずつ占めていた。それにフェニキアの血が加えられているという状態であった。

天武天皇は、自身が「スメラミコト＝サマリアの王」であると認めて、高天原の王族の血、すなわち南ユダ王国の血を受け継いでいるにもかかわらず、自らのアイデンティティを出雲のスサノオ命、つまりオムリ朝の王族に見出していたのである。それゆえ、天武天皇は出雲に敬意を払っていたと思われる。

古事記におけるスサノオ命の存在は大きく、スサノオ命についての記述とその印象は、日本書紀の同じ条に比べて、長く、印象強いものである。それは、天武天皇が、天皇制成立また出雲大社の建立においてスサノオ命の存在がなくてはならないことを認めていたから、古事記神話においては日本書紀より条を多く設けたと考えられる。

スサノオ命の末裔《まつえい》は、イザナギ大神の命令にはしらんふりで、後に出雲の国から近畿へと進出して子孫を増やし、三輪王朝を建てた。スサノオ命の子孫は、大国主系と大年神系の二つの系譜が記されているが、大年神は、韓国系の娘や遠江国《とおとうみのくに》からも娘を娶っており、早くから出雲から出て子孫を増やしていたと思われる。大年神系の子孫には、三輪王朝を開いた大物主神《オオモノヌシカミ》

（または大国御魂神）がいた。この神の娘が、神武天皇の妃、比売多多良伊須気余理比売命《ヒメタタライスケヨリヒメ》（日本書紀では媛蹈鞴五十鈴媛命《ヒメタタライスズヒメ》）であった。

大国主神は、地元の娘を娶り、出雲の国づくりに励んでいたのではなかろうか。しかし、大国主神も御魂から三輪へ行くことを勧められていたので、大国主神の子孫も結局そこへ移住したと思われる。

5　大国主神はスサノオ命の子である

スサノオ命は、高天原で追放されたが、出雲に移住した。一説によると、大国主神は、天之冬衣神《アメノフユキヌノカミ》と刺国若比売の間に生まれたスサノオ命の六世の孫であると解釈される（『古事記（上）全訳注』次田真幸　訳　135~138P　講談社学術文庫）。

また、先述したが、大国主神はスサノオ命の一世子であるという解釈もある。大国主神の系譜を、直列に世代を続けるか、並列に続けるかで違ってくるのである。いったいどちらが正しいのか。

スサノオ命から大国主神の間は、一世を二十年とすると、少なくとも百年かかったと考えられる。スサノオ命が「神やらひ」により高天原から追放されたのが、アタリア女王が殺害された紀元前八三七年である。単純にオムリ王朝滅亡の百年前の紀元前九三七年（ソロモン王の時代でイザナギ命・イザナミ命の時代）にスサノオ命がはじめの子八島士奴美神《ヤシマジヌミノカミ》を生んだと考え

スサノオ命と大国主神の神話

スサノオ命の神話	旧約聖書または ウガリット神話の接点	年代
阿波の大気都比売を襲撃	アハブが東方貿易をした可能性あり	前869年－前850年
八俣の大蛇	バアルのレビヤタンの退治	
スサノオの神裔	該当なし	
蚶貝比売・蛤貝比売の神話	アナトがバアルを蘇生させる神話	
大国主の神話　因幡の白兎など	該当なし	
八千矛神の妻問い物語	該当なし	
大国主神の神裔	オムリ王朝の王女が出雲に嫁いだ可能性あり	前837年以降
少名毘古那神と御諸山の神	コシャル・ハシス神	
大年神の神裔	該当なし	

ると、スサノオ命はその年代より先に出雲入りをしていなければならず、直列的世代は年代的に解釈が難しい。また、海原を治める海洋民族のスサノオ命であるから、どうしても紀元前八七六年から始まったオムリ王朝以前の存在は考えられない。それに、アマテラスとの姉弟の関係も崩れてしまうのである。

日本書紀は、大国主神がスサノオ命の子と記している。こう考えると、スサノオ命は、オムリ王朝滅亡から約二十年前の紀元前八五五年頃に大国主神を生んだ可能性が高い。スサノオ命は、この年代より前に出雲に進出していたと思われる。つまり、北イスラエルのアハブの時代に出雲にいたということになる。これだと、後の神話の記述が、オムリ王朝の年代に沿って無理なく解釈できることになる。

安万侶は、スサノオ命が誰かをよく知っていて、これらのスサノオ命が別人であることを読者に示すため、スサノオ命を建速須佐之男命、速須佐之男命、須佐之男命に分けて表記することにより、オムリ王朝の歴史を反映させたと思われる。

6　荒ぶる神々の住む出雲の国

国譲《くにゆず》りにおいて大国主神に加勢したのは、建御名方神《タケミナカタノカミ》であった（『古事記（上）全訳注』次田真幸訳　163〜165P　講談社学術文庫）。建御名方神は、その名に「御」があるので、本来は南ユダ王国の王族だったと思われるが、ソロモン王をよく思わなかった古代イスラエ人の人々だったのではなかろうか。

彼らは、出雲に国を建てたスサノオ命が北イスラエル王国の王族であるのを知ると、出雲に集結したのである。反アマテラス体制、つまり反南ユダ体制は、出雲で急速に出来上がっていった。これにより、大国主神は、アマテラスが送った天菩比神《アメノホヒノカミ》と天若日子《アメノワカヒコ》を懐柔することができたと思われる。大国主神は、棟梁的存在だったのである。

建御名方神は、スサノオ命やその末裔とは関わりがない神と考える学者もいるが、古事記神話では、建御名方神の父が大国主神であると言っているので、スサノオ命が先祖であった可能性がある。

建御名方神だけでなく、高天原に敵対する国津神たちは、イザナギ命とイザナミ命がつくった国々から抜け出し、新天地出雲に移住したのである。このような不穏分子は、「草木《くさき》」と呼ばれていた。

前にも述べたが、旧約聖書では、「草」が欲望に埋もれて信仰がなく実を結ばない古代イスラエル人で、「木」はバアル教に心を奪われた古代イスラエル人ということになる。建御名方神は「草」に該当すると思われる。古事記神話では、「草木がものをいう」という表現がみられるが、これは植物ではなく、人間をさしている。

フェニキア人やシュメール人が創作したと思われるペテログラフが、山口県と福岡県沿岸部に集中している。このことから、スサノオ命が出雲に移住する以前に、すでにこれらの民族やその混血民族が出雲にいたと推測できる。出雲にフェニキア人が古くから移住していたとすれば、他の日本の土地にない特別な親近感があったのではなかろうか。また、大年神の末裔には、朝鮮系の比売から生まれた者もおり、出雲は国際都市化していた。大国主神がオムリ王朝の王族の子孫であるとすれば、フェニキアのシドンの王のように自由を好んだであろう。

アマテラスは、出雲の荒ぶる神々、草木や朝鮮と関係を持ったスサノオ命の末裔を警戒した。オシホミミ命は、荒ぶる神々を恐れ、天孫降臨を実行しなかった。出雲にはスサノオ命の末裔や反渡来人が急速に増え、天孫を葦原へ天降りさせるには危険な状態だったのである。

第七章　天孫の神話の新しい解釈

1　国譲りの神話

■天《アメノ》菩《ホ》比神《ヒノカミ》の選出

思金神と八百万の神々は、天の安河で集まり、出雲に誰を送って大国主神に国譲りさせるようかと議論した（『古事記（上）全訳注』次田真幸訳　147〜162P　講談社学術文庫）。その結果、天菩比神を遣わすことに決まった。彼が最初の交渉役である。天菩比神には「天」の文字が入っているので、南ユダ王国の王族の一人であったと思われる。思金神と八百万の神々にとって信頼できる人物だったに違いない。

ところが天菩比神は、大国主神に媚びてしまい、国譲りをさせるどころか、裏切って三年経っても帰ってこなかった。ここで、三年という期間は、タルシシ船が東方貿易で費やす期間である。この期間を過ぎれば、何か異変が起こったと分かる。

天菩比神は、出雲に到着し、大国主神に国譲りをするよう交渉をしたと思われるが、大国主神は、どのようにして天菩比神を懐柔することができたのか。そこのところは、古事記神話にも旧約聖書にも記されていない。しかし、次に出雲に送られた天若日子《アマノワカヒコ》に妻と屋敷が与えられていることから、大国主神は同様の手口で天菩比神を懐柔したのであろう。大国主神は、高天原の貴人がどうしたら自分に阿《おもね》るかよく知っていた。土地と女、そして自由を与えれば十分だったのである。

■天若日子に出雲の平定を任す

アマテラスと高木神は、次に誰を送るかを、思金神と八百万の神々に尋ねた。彼らは、「天若日子がいいでしょう」と答えた。そこで、期待を込めて、天真鹿児弓《あめのまかこゆみ》と天羽羽矢《あめのははや》を天若日子に渡した。今度こそ、国譲りを実現させたかったのである。

ところが、またもや大国主神の策略にはまってしまった。天若日子は大国主神の娘を娶り、そのうえ屋敷も与えられ、アマテラス側を裏切ってしまうのである。結局、八年経っても復命《ふくめい》しなかった。貴重な武器まで与えられたにもかかわらず、任務を遂行しなかった。とんでもない天津神である。アマテラスは、十一年も無駄な時間を費やしてしまった。

天菩比神と天若日子は、南ユダの王族だったであろうが、アマテラス側を裏切り、出雲側に阿ってしまった。これでは、二人を選んだ思金神の面目が立たない。

高木神は、天若日子が長い間復命しないので、雉鳴女《きじなきめ》を出雲へ派遣することにした。雉は人間なのか、動物なのか。古事記神話では、人間を草木、蠅、大蛇、桃、土蜘蛛《つちぐも》などと動物や植物にたとえることがしばしばある。

一方、旧約聖書でも、フェニキア人を蠅と呼んだりする表現がある。こうしたたとえは、言葉が通じないか、または素性《すじょう》が分からない外国人や異教徒などを表現する手法だったと思われる。それがそのまま古事記神話に使われたのではなかろうか。南ユダ国は、ダビデ王の時代からペリシテ人（ギリシャ人）やヒッタイト人の傭兵を雇っていた。雉は、高天原で雇われた傭兵であった可能性がある。

さて、話を雉に戻すと、雉鳴女は、天若日子が何をしているのか偵察するため出雲に舞い降りた。天若日子の屋敷の門前にあった桂木に上り、屋敷の中をのぞいていると、妻に見つかった。天若日子は、その場で雉を射殺した。そして、矢に雉の血がついたまま、高木神のもとへ届けられた。

高木神は、その矢を手に取り、それが天若日子に持たせたものと気づくのである。そして、天若日子が謀反を起こしたことを知り、その矢を衝きかえすと、天若日子の胸に当たり、死んでしまった。神の御意《ぎょい》に従わなかった天若日子を、神は許してくれないということなのだろうか。

この神話は、ミドラーシュに出てくるニムロッドの逸話によく似ている（『古事記（上）全訳注』次田真幸訳　１５４Ｐ　講談社学術文庫）。ミドラーシュは聖書解釈法から生まれた文学であるが、そこには唯一神を崇拝するアブラハムと神に反抗するニムロッドの物語が描かれている。この逸話が古事記神話に出てくるということは、偶然の域を超えている。日本に古代イスラエルの祭司が来ていたと思わせる内容である。

■出雲の平定を建御雷之神と天鳥船神に託す

思金神は、高天原から使者を選ぶことをやめた。その代わりに国津神の建御雷之神と天鳥船神を選んだ。そうでもしないと、出雲に送った使者がまた、大国主神に阿ることになると考えたからである。

建御雷之神と天鳥船神は、イザナギ命・イザナミ命の神生みで古事記神話に初めて登場する。なぜアマテラスと高木神は、建御雷之神と天鳥船神に託したのだろうか。建御雷之神は、十拳剣を使う武力に優れた軍人であった。天鳥船神は、建御雷之神を乗せて葦原から高天原まで到達しなればならないので選ばれたと考えられる。この二柱は、国津神の代表格で、海神や港神を監督する、今で言うなら海上自衛隊にあたると思われる。

イザナギ命・イザナミ命の時代は、ソロモンの時代であった。彼がこの世を去ったのが紀元前九三一年で、ヨアシが七歳で南ユダ王国の王に即位したのが紀元前八三七年であるから、約百年の開きがある。この間に建御雷之神と天鳥船神は世代交代を重ねた。イザナギ命・イザナミ命の時代から、おそらく四世代は経ていたであろう。

イザナギ命・イザナミ命の時代に造られた国々の民が、縄文人や弥生人と共に平和に暮らせばよいが、窃盗や傷害事件など様々な犯罪も国内外で頻繁に生じていたであろう。国津神は、自らの国々を自衛しなければならなかった。いつ何時、出雲やその北の韓国からの襲撃を受けるかも知れなかったからである。建御雷之神と天鳥船神は、天孫降臨を想定して、瀬戸内海と四国と九州を挟んだ豊後水道の水域の警護に当たっていた神々だったかもしれない。

二神は、高天原に着くと、アマテラスと高木神から多くの武器を賜った。おそらく三度目は、軍事力で出雲を制圧するしか手立てがなかったようである。

天鳥船神が出雲の伊耶佐《いざさ》の小浜に着くと、建御雷之神はすぐさま十拳剣を出し、逆さまにして波頭に差し、大国主神に国譲りを迫った。その武力に慄《おのの》いた大国主神は、建御雷之神に息子の事代主神が国譲りについて回答すると言った。出雲の大国主神は、出雲支配権を息子に移譲していたのであるから、かなり高齢だったと思われる。

天鳥船神は美保《みほ》の崎へ渡り、鳥狩や漁をしていた事代主神に国譲りを認めさせた。事代主神はあっさり敗北を認めた。

建御雷之神は、大国主神から、建御名方神も国譲りに反対する者であると聞いた。それで、建御名方神を諏訪まで追いかけた。建御名方神は、建御雷之神に手を握りつぶされ、放り投げられた。建御雷之神が圧勝したのである。国譲りは、ここで幕を閉じることになる（『古事記（上）全訳注』次田真幸訳　159〜170P　講談社学術文庫）。

2　スサノオ命の出雲の神殿建設要求

■アマテラスは出雲の神殿要求を呑《の》んだ

アマテラスは、国譲りを終え、晴れてニニギ命を葦原に天降りさせることが叶《かな》うことになる。ところが、大国主神は国譲りを建御雷之神に約束する際に、神殿を建設してほしいという申し出をした。どうして大国主神は、ここにきて神殿の建設を条件に国譲りをすると言い出したのか。アマテラスは、国譲りに勝利したのだから、そのまま建御雷之神と天鳥船神に命じて出雲の国を滅ぼすこともできたであろう。

ところが、アマテラスは大国主神の要求を呑んだのである。神殿を建てるということは、出雲の国を大国主神の王朝と認めることになる。ただ、古事記神話には、アマテラスが大国主神のために実際に神殿を建てたという記録はない。また、大国主神がアマテラスから援助を受けて実際に神殿を建設したという記録もない。

アマテラスには出雲を滅ぼす意図はなかったのは確かである。スサノオ命とは姉弟の関係にあった。切っても切れない関係だったのである。信奉する神が違うために、一族の跡継ぎを殺害することは、国の滅びにつながることを知っていた。

葦原では、南ユダ王国の王族と北イスラエル国の王族が互いを滅ぼすようなことが繰り返されてはならないと考えていたと思われる。それゆえ、日本の神道は一神教の性格を保持しつつ、多神教を許容しているのであろう。

国譲りは和平交渉であった。その証拠として、アマテラスが出雲の神殿建設を容認したのである。国譲りは、あくまで葦原が天孫が治める国であることを明確に示した、瑞穂の国と出雲の国の契約だった。

■出雲にあった高床式神殿

大国主神は、葦原中国を天孫に引き渡すことに同意したのではあるが、一つ、思いもよらない条件をアマテラスに付けた。
「天つ神の御子が皇位をお継ぎになるりっぱな宮殿のように、地底の盤石に宮柱を太く立て、天空に千木を高々とそびえさせた神殿をお造り下さるならば、私は遠い遠い幽界に隠退しておりましょう」（『古事記（上）全訳注』次田真幸訳　166~170P　講談社学術文庫）
大国主神は、国譲りの戦いに負けたにもかかわらず、ずうずうしくも巨大な高床式神殿を造ってほしいと建御雷之神に申し出たのである。根の国で須勢理毘売命を背負い逃げる際に、須佐之男命が大声で叫んだ「宇迦の山のふもとに太い宮柱を深く掘って立て、空高く千木をそびやかした宮殿に住め」という文言を守ろうとしているかのようである。
アマテラスに神殿を建ててもらえば、大国主神は出雲の祭司王となって神聖政治を行うことができる。大国主神のための神殿建設は、アマテラスが大国主神に対して出雲の国の支配権を認めることにほかならない。

上古時代にアマテラスが出雲大社を建てたとするならば、いったいいつ、どのような技術を使って建てたのであろうか。古事記神話には、それについて詳しい記述はない。

出雲大社の社伝によれば、中古には本殿の高さは十六丈（約四十八メートル）あり、上古（神話時代から飛鳥時代まで）には三十二丈（約九十六メートル）あったといわれている。あまりの高さゆえ、何度も倒壊したといわれている。上古の出雲大社の社殿の高さは、今の建築技術から考えても驚くべき技術をもって建てられたのではないかと考えられている。

二〇〇〇年、出雲大社の境内遺跡から直径が一・三メートルもある大きな柱が三本発掘された。これらの柱は、三本を束ねて地上から高い位置の社を支える棟持柱《むなもちばしら》であることが判明した。その後の発掘により、側柱《がわはしら》の存在も確認された（島根県立古代出雲歴史博物館ホームページ「出雲大社境内遺跡出土の宇豆柱」）。上古の時代に巨大神殿が出雲に存在したという、天の御舎神話の現実味が帯びてくる偉大な発見である。

出雲大社宮司の千家国造家《せんげこくそうけ》には、鎌倉時代に存在したと思われる巨大な本殿の設計図「金輪《かなわ》御造営差図《ごぞうえいさしず》」が遺されているが、その三本柱は、図に描かれた宇豆柱《うずばしら》であると考えられている。ちなみに、宇豆柱とは、棟持柱のことで、出雲大社の社殿の正面から見て中心の位置に、地面から垂直に立つ柱のことである（発見された宇豆柱は、現在島根県立古代出雲歴史博物館に納められている）。その後の調査で、現在の出雲大社の社殿の二倍の高さ（四十八メートル）の神殿を支えた、鎌倉時代の宇豆柱であることが分かった。

出雲大社の社伝にあるように、上古時代には九十八メートルの高さの高床式神殿が現在の出雲大社敷地内に建てられていたのかどうか、それは分からないが、興味深いテーマである。

出雲の高床式の神殿づくりには、ソロモンの神殿を建設した古代イスラエルやフェニキアの木造建築技術が使われたのではなかろうか。出雲の高床式神殿は木造建築物なので、古代エジプトのピラミッドや古代メソポタミアのジグラット神殿を建設したレンガや石造建築技術が使われたとは考えにくい。

また、高床式の神殿の材料となる大杉は、いつ、どこから、どのようにして調達したのだろうか。設計と建築監督は誰がしたのだろうか。建築開始から完成まで何年かかったのだろうか。出雲の高床式神殿についての謎は止まるところがない。

■弥生土器に刻まれた高床式神殿の絵

昭和五十五年、鳥取県米子市の稲吉の角田遺跡《すみたいせき》で、弥生時代中頃の壺が出土した。その壺の頸部《けいぶ》には高床式の建物が刻まれていた（とっとり文化財ナビホームページ　絵画土器　角田遺跡出土）。米子市は、出雲から約七〇キロメートル離れたところに位置するので、稲吉角田遺跡土器の高床式の建物の絵柄は、上古時代に建てられた出雲大社の神殿を描いたのではないかという説が浮上した。

出雲の高床式神殿の絵柄は、高床式の建物だけでなく、鳥、船、それと太陽も描かれていた。外洋の航海士は、島からどれくらい距離があるか測るさいに鳥を使っていた。鳥は、近くに島がなければ船に戻ってくる習性があるので、航海士にとっては頼りになる情報を与えてくれる動物であった。また、航海士は、太陽の位置で船の位置も確認できた。太陽は大地の恵みをはぐくむ存在であり、古代オリエント諸国で太陽神がない国はなかった。太陽が航行中の乗員たちの生活の支えになっていたと考えられる。

鳥、船、太陽を稲吉角田遺跡土器に刻んだ弥生人は、おそらく海洋民族であり、それも近海の島々を小舟で行き来する民ではなく、太平洋のような海を航行した経験がある民族だったのではないか。海原を支配したスサノオ命の末裔である出雲人の特徴をとらえていると思われる。

稲吉角田遺跡土器に刻まれた高床式の建物の形状は、はたしてアマテラスが大国主神のために出雲に建てた神殿を表しているのか、また、いつ頃その高床式の建物が建てられたのか、詳しくは分からない。

稲吉角田遺跡土器の年代は、弥生中期となっている。最近は弥生時代が五百年ほど早まったので、弥生中期は紀元前四世紀前半であろうと思われる。

仮に、稲吉角田遺跡土器に刻まれた高床式の建物が、アマテラスが大国主神のために建てた神殿だとすると、天孫降臨の年代を紀元前八一五年ごろと推定して、約五百年の開きがある。しかしながら、上古の出雲神殿の建設年数と、その土器の絵柄が建設されてから数百年経っていたと考えると、天孫降臨の年代に近づく。今後の考古学的資料の発見に期待したい。

天孫降臨前後の事績

代	天孫	政治的事項	年代
1	オシホミミ命	高天原の太子　ニニギ命の父	前837〜前800
2	ニニギ命	天孫降臨を実行　高千穂に宮を構える	前815年ころ
3	ホホデミ命	日向三代の二代目　大綿津見の娘を娶る	
4	フキアエズ命	日向三代の三代目	
5	イワレビコ命	初代天皇に即位する	前711年に誕生

3　天孫降臨の神話

■ニニギ命はアマツヤの兄弟である

アマテラスは、オシホミミ命を葦原に天降りさせようとしたが、肝心の命は、荒ぶる神のスサノオ命が出雲にいることを察すると、天降りを拒否してしまった。しかし、しばらくしてオシホミミ命にニニギ命が生まれたので、自分の代わりにニニギ命を葦原へ降臨させることにした。このころ、少なくとも十一年は国譲りに時間を費やしていたので、オシホミミ命は成人になっていたであろう。すでに高天原の王になっていたと思われる。

ヨヤダはヨアシに二人の妻を与え（歴代誌下24章3節）、そのうちの一人が、ヨアダンで南ユダ第九代王アマツヤの母であった（歴代誌下25章1節）。

ニニギ命は、南ユダ第九代王アマツヤであろうか。アマツヤは、エルサレムで亡くなっている。アマツヤには、兄弟が大勢いた。ニニギ命は、南ユダ第九代王の兄弟のうちの一人である可能性が高い。ニニギ命は、ヨアダンが生んだアマツヤの兄弟か、ヨアダンでない妻から生まれた異母兄弟のどちらかであろう。

万幡豊秋津師比売命はヨアダンかもしれないが、ヨヤダが与えた他の妻だった可能性も十分ある。そこのところは、旧約聖書からでは分からないが、ヨヤダとヨアダンは名前が似ていることから、親子だった可能性もある。

■天孫降臨の際お供をした神々や命達

ニニギ命の護衛として共に葦原中国に天降りする神々と命は、天宇受売神、猿田毘古神、天児屋命、布刀玉命、伊斯許理度売命、玉祖命、思金神、手力男神、天岩門別神《アマノイハトワケノカミ》であった（『古事記（上）全訳注』次田真幸訳　176～186P　講談社学術文庫）。

猿田毘古神は、もともと高天原にいた神ではない。葦原から天孫と御伴の神々、それとニニギ命を安全に葦原にお迎えするための道先案内人であった。また、天宇受売神を娶り猿女君等の祖となる神であった。猿田毘古神は、倭姫命《ヤマトヒメノミコト》がアマテラスを祀るために土地を探していたところ、猿田毘古の子孫が五十鈴川《いすずがわ》の上の土地を献上したと『倭姫命世記』に記されている。

ニニギ命と共に葦原に降臨した神々は、後に連や君となり、朝廷の政治や宗教の要となっていく。なかでも天児屋命は中臣鎌足《なかとみのかまたり》の祖であり、連として朝廷の神事・祭祀を行う貴族になった。大化の改新では崇仏派の蘇我氏を滅ぼし、天智天皇と共に律令制度を導入した朝廷の指導者であった。

高天原においては、アマテラス及び高木神、並びに八百万の神々の間で実行された天孫降臨は、ひそかに行われ、公にはされなかったであろう。隣国のエジプト、シリア、フェニキアに天孫降臨の内容を知らせる必要はなかったし、知らせて天孫が強力な軍隊もない状態で紅海を渡っていることがわかれば、命を狙われる可能性は十分にあった。それゆえ、古事記神話に記された八百万の神々が、秘密裏に活躍しなければならなかった状況があったと考えられる。

ニニギ命が、いつどのようにして、古代イスラエルの港から、どういう経路を経て日本にたどり着いたかという情報は、天児屋命をはじめ、ニニギ命と共に天孫降臨に同伴したごく限られた人物のみが知っていたと思われる。長い間、天皇家の極秘情報として保管管理されていたのである。

■祇園祭とニニギ命の関係

ニニギ命は、いつ高天原から葦原に天降りしたのだろうか。アマツヤは、紀元前八二五年に生まれており、ニニギ命はこの年の前後に生まれたと考えられる。父オシホミミ命がヨアシュとするならば、アマツヤはその父が十七歳の時に生まれたことになる。

ニニギ命が何歳であったかは、古事記神話にはその記述がない。旧約聖書にも、アマツヤ以外の兄弟についての詳しい記述はない。ただし、父のオシホミミ命が、「私が天降ろうと支度をしている間に子が生まれました」と言って、ニニギ命を葦原にできるだけ早く移住させることになったことを考えると、ニニギ命は成人ではなかった可能性が高い。そうすると、天孫降臨の時期は、ニニギ命が何歳であるかに左右される。

ニニギ命が何歳で瑞穂の国に降臨したかは、祇園祭にそのヒントがある（『祇園祭の大いなる秘密』久慈力著　76P　批評社）。祇園祭において、毎年六月中旬頃（大安の日）に八歳から十歳の男子が選ばれ、長刀鉾町《なぎなたぼこちょう》と養子縁組をした後、結納が贈られる。これは、長刀鉾稚児《ちご》結納と呼ばれる、祇園祭の前になされる重要な行事であり、これが行われないと祇園祭は始まらない。

祇園祭の主旨が、ニニギ命と五伴緒たちが、高千穂《たかちほ》に天降りをして日本の天皇制が始まったという古事記神話の物語を祭ることであれば、長刀鉾稚児は、ニニギ命をなぞらえていると考えることができる。そうすると、ニニギ命の天孫降臨をした際の年齢は、祇園祭の稚児と同じ年齢の八歳から十歳だったことになる。ニニギ命は、アマツヤと同じ年と考えると、紀元前八一五年には十歳で、紀元前八〇〇年には二十五歳であったことになる。そうなると、ニニギ命が葦原に降臨したのは、紀元前八一五年頃になる。北イスラエル王国が滅亡する約九十年前、また、神武天皇の生誕年より約百年前のことである。

■天孫降臨の航路

天孫は、いよいよ高天原を離れて降臨を実行した。

「高天原の神座をつき離し、天空にいく重《え》にもたなびく雲を押し分け、神威をもってかき分けかき分けて、途中天の浮橋から浮島にお立ちになり、筑紫の日向の高千穂の霊峰に、天降りになった」（『古事記（上）全訳注』次田真幸訳　171〜174P　講談社学術文庫）。

ここの神話は、天孫の高天原から高千穂までの船での移動を物語っている。旧約聖書の歴史から、「高天原の神座」は、南ユダ王国のエラトのエジオン・ゲベル港であり、「天の浮橋」はタルシシ船団、「浮島」は西南諸島である。

これらを天孫降臨の神話に当てあてはめて読むと、南ユダ王国のエラトのエジオン・ゲベル港をタルシシ船団が出航し、アカバ湾を出て、紅海、アラビア海、インド洋と大洋を航行する。上空にはいくつも雲があった。途中、マラッカ海峡を過ぎ、インドネシア、フィリピン、西南諸島と島々に停泊しながら、九州の高千穂に到着したというように読める。

時には海賊の襲撃や台風の被害をこうむることもあったと思われるが、無事にニニギ命は高千穂に到着したのである。アマテラスの皇祖神への信仰とニニギ命への愛情が、天孫降臨を現実にさせたのだろう。

■三種《さんしゅ》の神器《じんぎ》

日本における古事記神話の考古学的資料には、どのようなものがあるのだろうか。天皇家は、滅亡した王族ではないので、宮殿跡や天皇陵《てんのうりょう》等の跡はあっても、古代イスラエルや古代ギリシャの遺跡などのように滅びた遺跡がない。多くの衣装、装飾品、書物は、天皇ごとにリサイクルされ、他人に譲渡、また焼却されたであろう。

天孫陵や天皇陵を発掘して、古事記神話が偽書であるかどうかを調べればいいと考える研究者も少なくない。しかし、宮殿跡、歴代の天皇の埋葬地などは、本来天皇家の所有物であろうし、宮内庁のもとで厳重に管理されているので、勝手に発掘できないのが現状である。

歴代の天皇の遺品は、膨大な数が残されている。世界でも、日本の天皇家のように王朝が続いた国はない。そんななか、古事記神話の三種の神器は、ニニギ命と天児屋命をはじめとする五伴緒が、瑞穂の国に降臨する際にアマテラス・高木神から与えられ、天孫の初代ニニギ命の時代から今まで引き継がれてきた天皇家所縁の神器である。仮に三種の神器が古事記神話どおり本物であるとすれば、皇紀《こうき》二七〇〇年を証明する考古学的資料になるのは間違いない。

三種の神器は、天皇が崩御または譲位によって皇位が前天皇から次の天皇に受け継がれた際（これを践祚《せんそ》という）、即位する天皇に譲り渡される。これは「剣璽《けんじ》等承継の儀」と呼ばれる儀式である。

三種の神器は、八咫鏡、八尺瓊勾玉、草薙剣の三点である。まず草薙剣であるが、これはスサノオ命が八俣の大蛇を出雲で退治したときに、大蛇の尻尾から取り出した剣である。草薙剣は、スサノオ命が高天原のアマテラスに献上されたが、天孫降臨により再び葦原に戻ることになった。

八咫鏡を作成した伊斯許理度売命は、金属を加工する鍛冶集団の監督といったところであろう。先述したが、旧約聖書によると、金属で製造された鏡は、古代イスラエルの婦人は普通に使用していた。

八尺瓊勾玉は、二神の誓約生みの神話でオシホミミ命を含めた五柱を生む際に使われた神器である。八尺瓊勾玉は、女性の装飾品である。

アマテラスは、おそらく、天孫降臨を終えた後も、ニニギ命が葦原で王として生きることを望んでいたのであろう。出雲にいる荒ぶる神やいつ出てくるかわからない敵から守るための剣、子宝に恵まれ天皇家が絶えることなく続くための勾玉、神の道に従う正しい心を映す鏡を孫に与えたのではないか。三種の神器には、アマテラスのニニギ命に対する女性の愛情が込められているのは確かである。

また、天児屋命と布刀玉命は、天石屋戸の前で神事を行った祭司である。古代イスラエルで祭司と言えば、レビ族が頭に浮かぶ。これらの命は、祭司でかつ南ユダ王国の王族であった可能性が高い。レビ族は、エルサレムにおける様々な宗教的儀式に携る一族であるが、勇敢な戦士でもあった。彼らの部族の紋章が胸当であることからも、それがうかがえる。天孫降臨の最中に、敵に襲われると命《いのち》を張ってニニギ命を守ったであろう。日本の侍の起源は、この時からかもしれない。

天児屋命の子孫である中臣氏と布刀玉命の子孫の忌部氏は、日本の歴史の中で長きにわたって神道の重要な役職に就いていた。また、彼らは豪族で武装集団でもあった。古事記神話が記している通り、五伴緒はニニギ命を保護する南ユダ王国の王族達であったことを立証しているのではないか。

果たして三種の神器は、ニニギ命とともに葦原にもたらされた実物であろうか。八咫鏡の実物は、たびたびの伊勢の神宮の火災で焼失したらしい。現在皇居の賢所《かしこどころ》にある八咫鏡は、レプリカである。八尺瓊勾玉と草薙剣は、皇居の剣璽の間に保管されている。

草薙剣は、壇ノ浦の戦いの際、幼い安徳天皇を抱いた祖母の二位《にい》の尼が、関門海峡に入水し、海の底に沈んだとされる。しかし、木箱に納められていた八尺瓊勾玉と八咫鏡は、海面に浮かんでいたため回収された。そういうことで、八尺瓊勾玉だけは実物であるとされている。

古代イスラエルにも、三種の神器に似たものがある。アロンの杖、マナの入った壺、十戒が刻まれた石板である。これらは、契約の箱に納められていた。契約の箱は、ヘブライ人にとって最も神聖な神器の一つで、荒野での放浪時代には祭司たちが担いで移動させた。ソロモンの時代には、それは神殿の至聖所に置かれていた。契約の箱は、ヘブライ人に救済と勝利をもたらす宗教的な神器である。

三種の神器も、天皇家が必ず勝利し、葦原中国の王として未来永劫存続することを願ってニニギ命に与えられたと考えられる。違いは、天皇家の三種の神器は、女性を象徴する八尺瓊勾玉と八咫鏡が含まれていることから、天孫降臨がアマテラスの指導のもとになされたことである。

4　日向《ひゅうが》三代の神話

日向三代とは、ニニギ命から始まりフキアエズ命までを指す。これらの天孫は、その政治拠点を日向地方に置いた。天孫は、地理的に高天原に似ている大和地方（今の奈良県）に政府機関を構えようとしていた。しかしそこには、大国主神や大年神系の三輪王朝がすでにいた。また、土蜘蛛と呼ばれる先住民族たちも大勢近畿に住んでいた。天孫は、国津神の人口が増えて、十分な兵力がもてるまで日向で東征に備えて待っていたのである。

■ニニギ命と木花之佐久夜毘売《コノハナノサクヤヒメ》の結婚

ニニギ命は、国津神である大山津見神の娘木花之佐久夜毘売を娶った。その娘は麗《うるわ》しき美人だったと古事記神話は語っている。

舅大山津見神は、木花之佐久夜毘売の姉である石長比売《イハナガヒメ》に多くの物品や献上物をもたせ、ついでにニニギ命に娶らせようとした。しかし、姉の方は美人ではなかった。

この結婚物語は、旧約聖書のヤコブが、叔父であるラバンの娘レアとラケルを娶った話に似ている（創世記29章15～30節）。妹ラケルの方が、姉レアより美人であった。ラバンは、ヤコブが自分のもとで七年間働いたら娘ラケルをヤコブに娶らせる約束をした。ヤコブはラケルと結婚するために七年間、一生懸命働いた。約束の時が来た。ラバンは娘をヤコブに嫁がせた。しかし、その娘はラケルではなくレアだった。ヤコブは、ラバンに約束が違うと抗議した。するとラバンは、「我々のところでは、妹を姉より先に嫁がせることはしないのだ」とヤコブに言った。

大山津見神は、この高天原の風習を守っていたようである。彼は、ニニギ命に木花之佐久夜毘売を嫁がせるつもりだったが、姉石長比売が未婚でいたので妹と共に嫁がせようとした。しかし、ニニギ命は、姉石長比売を大山津見神のもとへ返してしまう。

ニニギ命と木花之佐久夜毘売の間に火遠理命《ホオリノミコト》（ホホデミ命）が生まれた。この火遠理命の上には、火照命《ホデリノミコト》と火須勢理命《ホスセリノミコト》がいた。火照命は、隼人の阿多君《あたきみ》の祖神となった。

ニギ命と木花之佐久夜毘売の間にはフキアエズ命が生まれた。母の豊玉毘売命は、綿津見神の娘である。

■火遠理命と豊玉毘売命《トヨタマビメノミコト》の結婚

火遠理命と豊玉毘売命の間にフキアエズ命が生まれた。母の豊玉毘売命は、綿津見神の娘である。

火遠理命と豊玉毘売命の馴れ初めは、旧約聖書のイサクとリベカの出会いによく似ている（創世記24章11～21節）。

火遠理命は、綿津見の神の御殿の前に立っていた。将来の妻である豊玉毘売命に出会うためだった。火遠理命は、その御殿の門の傍の桂木に登って誰かを来るのを待っていた。そこへ、御殿の中から、豊玉毘売命の待女が現れた。火遠理命はその待女に「水が欲しい」と言った。すぐさま近くの泉から水を汲んで器に入れ、命に献上した。しかし、水は飲まず、首にかけていた玉の緒を外して玉を口に含んでその器に吐き入れた。その玉は、器にくっついて離すことができなくなった。待女は御殿に戻り、豊玉毘売命にその器を見せた。容姿の美しい命が外にいると聞くと、御殿から外に出た。そしてそこにいた火遠理命に一目《ひとめ》惚《ぼ》れした。

火遠理命は、綿津見神に案内されて、御殿の中に入った。そこにはアシカの皮で作られた畳が何重にも敷かれ、たいそうなごちそうが用意されていた。二人はすぐさま結婚した。

旧約聖書のイサクは、町の女たちが集まる井戸で美しい娘リベカを見つけた。彼女に「水がめの水を少し飲ませてください」とお願いした。彼女は「どうぞ、お飲みください」と答えて、水がめを下ろして手に抱え、イサクに飲ませた。そして、「ラクダにも水をくんできて、たっぷり飲ませてあげましょう」と言いながら、また水をくみに井戸へ行った。イサクは、この娘だと思い、リベカと結婚した。

ニニギ命の結婚といい、火遠理命の結婚といい、旧約聖書に出てくるヤコブとイサクの馴れ初めの話とあまりにも似ているのに驚かされる。しかし、天孫が南ユダ王国のヨアシュの子孫であるなら不思議ではないだろう。ここも旧約聖書との接点である。

実は、ここにもう一つ、天孫がヘブライ人であると思わせる風習がある。もともと彼らは遊牧民だった。彼らの使うテントは、ジュゴンの皮で作られていた（出エジプト25章5節）。ジュゴンの皮は、幕屋の幕に使われていた。綿津見神は、幕屋の建設に携わっていたユダ族の出身であると思われる。古事記神話ではアシカの皮となっているが、おそらくジュゴンの皮であろう。

大山津見神と綿津見神は、イザナギ命・イザナミ命の時代からの国津神である。この神々は、かつて金採取事業に従事していたことは先述した。天孫降臨後、葦原の領事のような高い地位を得ていたと思われる。また、いずれの神々も、国津神でありながら高天原の伝統を保持していたと考えられる。

■フキアエズ命と玉依毘売命《タマヨリビメノミコト》の結婚

イワレビコ命（神武天皇）は、父フキアエズ命と母玉依毘売命の間に生まれた。イワレビコ命は四男であった。玉依毘売命は豊玉毘売命の妹であった。フキアエズ命は叔母と結婚したことになる。

長男五瀬命《イセツノミコト》はイワレビコ命を助けて、東征に参加した。三男御毛沼命《ミケヌノミコト》は常世の国＝エジプトに、また次男は妣の国＝フェニキアのシドンに渡った。この時は、まだシドンも滅亡していなかったのである。

次男と三男は、日本の風土に合わず、言葉も合わず、自由を求めてバアル教の国へ行ったと思われる。高天原には戻らなかった。当時、高天原では、北イスラエル王国が滅亡し、南ユダ王国はアッシリアやバビロニア、そして隣国エドムの侵入にさらされることになった。これら外国の圧力により、エジオン・ゲベル港は封鎖されたのではないか。

■天孫及び天皇陵

日向三代の埋葬地は、すべて鹿児島県にある。ニニギ命の天孫陵は、同県薩摩川内市《せんだいし》にある可愛山陵《えのみささぎ》であり、ホホデミ命の墓は、霧島市《きりしまし》の高屋山上陵《たかやのやまのえのみささぎ》にある。フキアエズ命は、鹿屋市《かのやし》の吾平山上陵《あひらのやまのえのみささぎ》に埋葬されている。日向三代の陵が、実際の天孫とその子孫達の墓であれば、オシホミミ命の末裔は、瑞穂の国を治め、そこで生涯をまっとうしたことになる。

イハレビコ命は、先述したが、兄イツセ命と共に東征することを決意し、周辺の兵士たちを束ね、大和に向かった。そこには、蝦夷《えみし》達がすでに住んでいた。ちょうどその時、高天原からニギハヤ命が応援に駆け付けた。この命は、高天原の王族であることを示す宝物を持っていた。日本書紀は、「天羽羽矢《あめのはばや》」と「歩靫《かちゆき》」を神武天皇に示したとある。靫《ゆき》とは、矢を入れて背や腰に付ける籠状の道具である。神武天皇は、矢と靫の形状が天津神の所有物であると判別できたのであろうか。それは十分考えられるが、一目で見て分かるのであれば、菊花十六紋章か、またはダビデの星が入ったものなのかもしれない。そのことについて、古事記神話は詳しくは語っていない。

さて、東征の戦いは、イワレビコ命の軍が勝利し、橿原宮《かしはらぐう》に宮殿が建てられた。神武天皇は百三十七歳で崩御したと記されている。遺体は、奈良県橿原市の畝傍山《うねびやま》東北陵に葬られている。同天皇の即位年を紀元前六六〇年とすると、崩御《ほうぎょ》年は紀元前五七四年になる。

天孫と神武天皇陵の存在の真偽は、もちろん古事記神話が史実に基づいているか否かに関わってくる。本書では、旧約聖書の知識から、初代天孫のニニギ命は南ユダ王国第八代王ヨアシユの子であると読み解いた。ニニギ命の天孫降臨が実際にあり、日向三代も神武天皇も存在したと考える。

第八章　古事記神話は真書である

1　古事記編纂者は旧約聖書の内容を知っていた

これまで見てきたように、古事記神話と旧約聖書との間にこれだけ接点が多いことに加え、古事記神話が史実に基づいていると思わせる物語になっているとなると、天武天皇や古事記編纂者は、古事記神話に関係の深いダビテ・ソロモン王の歴史とオムリ王朝の歴史を知っていたということにならざるを得ない。漢籍では不可能だったオシホミミ命、アマテラス、高木神やスサノオ命の特定、また太安万侶が記した外国の特定ができることが理由である。

古事記神話が旧約聖書と無関係なら、神話と旧約聖書の出来事の整合が可能になるということが起こるはずがない。すなわち、神道の根源を表す古事記神話は、偽書ではなく、真書であるということになる。

また、天皇と古代イスラエルの王族が同祖でなければ、古代イスラエルの王族と皇族が類似し、日本の風習が古代イスラエルのものと類似し、またはそのものであるということもないだろうし、日本の言葉の中にヘブライ語起源の言葉があり、日本の天皇の紋章が菊花十六紋ということもあり得ないことである。

旧約聖書に精通するユダヤ人やキリスト教信者が、日本に来て神道に接し、日本の皇族と古代イスラエルの王族の接点を見出せるのは、天皇家の歴史について天武天皇及び古事記編纂者と同じ精神と知識を持ち合わせているからである。古事記神話が偽書なら、そういうことは起こらないはずである。

同様に、古事記神話と旧約聖書に多くの接点があることを知った日本人も、天武天皇及び古事記編纂者と同じ精神と知識を持ち合わせることになるから、古事記神話が史実に基づいていることを信じるようになるのである。また、アマテラスは大変な政治混乱の中、オシホミミ命を救い、東の果ての地にニニギ命を送って葦原の国王として君臨し、未来永劫、王として生きることを願っていた。古事記神話が、史実に基づいていると気づくと、アマテラスの敬虔さがリアルに伝わってくる。日本が皇国といえる国だと思えるのは、アマテラスの皇祖神があるからだ。

トケイヤー氏は、古事記が編纂される前に、トーラーがあったのではないかと考えていた。彼は、トーラーは蘇我蝦夷《そがのえみし》が自宅の図書館に火をつけたときに焼失したと考えた。筆者もその可能性は否定できないと思う。トーラーというヘブライ語で書かれた書物でなくても、高木神の息子であった思金神や天児屋命をはじめとする五伴緒たちが書き残した、トーラーに準ずる書物があったのではないかと思う。

しかし、古事記神話を作成するにはそれだけでは足りず、スサノオ命の信仰したウガリット神話の知識は必須である。それは、オムリ王朝の歴史を学ぶと分かってくる。出雲の神話にはウガリット神話と似た神話が数多くあるということが分からないと、スサノオ命の神話と大国主神の神話が分からないままになってしまう。

また、メソポタミア神話とウルクやウルなどの都市国家を建設したシュメール人の歴史が分からないと、月読命が誰で、夜の食国がどこか分からないであろう。その他にも、古事記神話の農業の女神がメソポタミアのイシュタルと関係が深いということが想像もつかないのである。さらに、ギリシャ神話の知識がなかったら、アマテラスと天宇受売命の心理を描くためにギリシャ神話が使われたということに全く気づかないのである。しかし、これらも、旧約聖書と古事記神話の関係に対する理解がある程度深まってくると、自然と気づくことである。

そうすると、古事記編纂者は、旧約聖書、ウガリット神話、ギリシャ神話、メソポタミア神話、加えてエジプト神話の知識を持ち合わせていたことになる。しかも、これらの神話は、伝えられた言語も違うし、国も違う。

では、どうやってこれらの神話の知識を得たのか。こういう知識は、学んで得られるものではない。

古事記の編纂が完了したのが七一二年である。当時は現在と違って、飛行機や船舶の便利な輸送手段もなく、パソコンもない。旧約聖書も、ラテン語かギリシャ語、あるいはヘブライ語で書かれものは存在していたが、古事記編纂者がそれらを読んで理解し、古事記神話を創作したとは考えられない。加えて、すでに滅んでいた高天原＝古代イスラエル、根の国＝フェニキア、黄泉の国＝古代イエメン、夜の食国＝メソポタミアのウルの歴史を、彼らがどうやって知ることができようか。

そうしたことを考慮すれば、古事記編纂者が綴った高天原の歴史は、彼らの経験に基づいていたとしか考えられない。天孫が思金神や天児屋根命たちと葦原に天孫降臨をして、その後伴緒たちが連《むらじ》となって、口伝で天孫の歴史を後世に伝えたということ以外にはないのである。

古事記神話をその文字だけに集中して読んで、解釈を日本の書物や漢籍に頼っていては、いつまでたっても古事記神話の理解ができないままになるのである。挙句の果ては、古事記神話は偽書だと主張するしか道がなくなってしまう。

稗田阿礼《ひえだのあれい》が誦習した『帝皇の日継』と『先代の旧辞』の内容には、旧約聖書、ウガリット神話、ギリシャ神話などの神話が含まれていたであろう。これらの神話にかかわる文章は、ヘブライ文字、ウガリット文字、古代ギリシャ文字などで書かれていた可能性もある。おそらく、多くの文章には漢字が混在しており、なおかつ、オリジナルの形から崩れてしまった表記も数多くあったと思われる。そうした文章を音読し、すべて記憶できたのが阿礼だったのではないか。

2　天皇家は自らのルーツの開示に消極的だった

古事記編纂者自身は、積極的な天皇家の歴史開示を憚《はばか》ったと思われる。古事記神話において、高天原はどこなのか、根の国はどこなのか、アマテラスは誰なのか、高木神は誰なのかが重要なことであるが、これらの高天原の詳しい歴史が詳細に開示されていないことに問題がある。繰り返しになるが、高天原の歴史は、旧約聖書に記されている。その内容は、長い間皇室や神祇官などごく限られた人々しか知らない秘密であった。古事記神話には、天孫は高天原の太子の子孫であることが明記されているが、高天原がどこかはっきりしないため、オシホミミ命が誰なのか、これまで特定されてこなかった。

古事記が編纂されてすでに千三百年以上たっているが、高天原がどこにあったのか、公式な特定はなされていない。それは、天孫降臨自体が秘密であって、むやみに口外するものではないと、天孫の時代から後世に語り継がれてきたことが影響しているのではなかろうか。

天皇家は、常に敵からの攻撃に備える必要があった。うかつに天皇家の秘密を公開することは危険であった。日本が島国で、外的から守られていたとはいえ、いつ何時、大国中国が日本に攻め入り、天皇を滅ぼしてしまうかもしれないというおそれが常にあった。また、朝鮮には、スサノオ命の末裔や大国主神の末裔も一部が移住していたために、彼らの勢力が強大になって高千穂に攻めてくる可能性もあった。

実際、アジア大陸のほとんどを支配していた元のフビライ・カンは、日本に軍隊を送ってきた。結果は、ご存知の通り、神風が吹いて元の軍船をことごとく破壊した。

また、古事記神話でアマテラスとスサノオ命の対立が記されているが、この対立は、もともと高天原で生じたスサノオ命の暴行事件が発端となっている。旧約聖書によれば、その対立は、エルサレムでの宗教の違いによるものであった。葦原においては、アマテラスとスサノオ命の宗教対立は、当初はあったが、時代と共に薄れていった。

日本書紀は、古事記と違って、同時期の中国王朝が読むことができる書物に仕上がっていた。大和朝廷は、大国中国と友好関係を結ぶが、天皇家の秘密を知られるのは困るので、スサノオ命神話については大幅に削除したと思われる。

古事記については、中国王朝は読めない内容になっていた。エロティックな表現が古事記に多いのは、読者に古事記神話が史実をなぞらえた神話だと悟られないようにするためだったと考えられる。

結局、古事記と日本書紀は、あらかじめ計算されて記された日本の歴史書ということになる。天皇家や連の子孫たちのなかでもアマテラスを信奉していた皇族や貴族たちにしか記紀の本意が分からないように作成されたのである。

3　天皇家の血統と大和

オシホミミ命は初代天孫である。オシホミミ命は、南ユダ王国第八代王ヨアシュであるから、ダビデ家の血筋を引いている。当然、ソロモン王の血を受け継いでいる。その後、天皇家は、男系世襲を一度も怠ることなく存続していることから、天皇家はユダ族の王といって過言ではないであろう。

ヨアシュには、祖母アタリアが北イスラエル人とフェニキア人の混血であったので、フェニキアの血も流れている。オシホミミ命の息子ニニギ命の母はトヨアキツシヒメ命で高木神の娘だったので、おそらく南ユダ王国の人だったと思われる。

ニニギ命は、天孫降臨を終えて、大山津見神の娘である木花之佐久夜毘売を娶り、火遠理《ホオリノ》命《ミコト》を生んだ。木花之佐久夜毘売は国津神であり、先祖は高天原人であったが、縄文人か弥生人との混血で、アジア人の血が濃かったと思われる。火遠理命は、綿津見神の娘豊玉毘売命を娶った。この比売も国津神であったと思われる。しかし、高天原人の血も流れていたであろう。火遠理命の息子フキアエズ命は、豊玉毘売命の妹玉依毘売命を娶ってイワレビコ命（神武天皇）を生んだ。

こうして、徐々に高天原人の血は薄くなっていった。それでも、できるだけ高天原の血統を守ろうとしたことがうかがえる。

イワレビコ命は、東征をした後、倭朝廷を開いて、畝傍山の東南に位置した橿原に宮殿を設けた。正室は、媛蹈鞴五十鈴媛命《ヒメタタライスズヒメノミコト》であり、大物主神の娘であった。

スサノオ命は、神大市比売《カムオオイチヒメ》を娶って、大年神を生んだ。神大市比売は誰の娘なのか、記録がない。大年神は神活須毘神の娘を娶り、大国御魂神を生んだ。神活須毘神《カミイクスビノカミ》はどういった人物だったか、これも記録はない。この御魂神が大物主神だと言われている。この神は、近畿の三輪山に移住した豪族だったと考えられる。スサノオ命はオムリ王朝の子孫であるから、フェニキア系高天原人であったと考えられる。

神武天皇は、大国主神の末裔ではなく、大年神の末裔の系譜を皇室に迎え入れたことになる。

こうしてみると、大和とは、アマテラスの末裔である天孫が、敵であり弟だったスサノオ命と再び血縁を結ぶことになったことを意味しているのではないか。高天原では、決してお互いが和解して血縁関係を結ぶことはなかったけれど、それが葦原で実現したのである。

4 「君が代」の意味

南ユダ王国の王族は、第八代王ヨアシの子アマツヤとニニギ命の二手に分かれた。アマツヤはエルサレムに残り、第九代王に即位した。一方、ニニギ命は、葦原、つまり日本の瑞穂の国に移住した。アマツヤの末裔は、エルサレムで王として生きていくが、紀元前五八八年にバビロニアに滅ぼされてしまい、王族は断絶してしまう。しかし、ニニギ命の末裔は、現在も絶えることなく続いている。日本の皇室は、南ユダ王国第八代王ヨアシュに遡って、同じ祖先であったといえる。

高木神は、高天原の太子オシホミミ命に自分の娘、トヨアキツシヒメ命を与えた。早く跡取りがほしかったからである。古事記神話を読む限り、どれほどトヨアキツシヒメ命がオシホミミ命の息子を生むことが重要だったかは十分伝わらない。なにせ、天孫降臨の理由が古事記神話では語られていないうえ、なぜアマテラスとスサノオ命が姉弟でありながら高天原で対立し、また葦原においても、出雲と高千穂にそれぞれ移住して距離を置いたのか、その理由も詳らかにされていないからである。

南ユダ王国は、ダビデの直系の国王がいなければ国が存在しない神聖政治の国だった。国王が祭司王で、その地位が世襲制だったのである。南ユダ王国では、第八代王ヨアシュが生き残っていたことが重要なことだった。

ヨアシュの命を狙う者は大勢いた。祖母のアタリアがそうだった。ヨアシュがエルサレムにいるより、どこか遠くへ行った方がよいと判断した時期があったとしても不思議ではない。アタリアに見つからないうちに、ヨアシュを神殿から出して、外国へ移住させようとしたであろう。北イスラエル王国に君臨したイエフもヨアシュの命を狙っていたかもしれない。ヨアシュが殺害される前に何らかの手を打つ必要があった可能性が高い。

国の王子が何者かに皆殺しに会わないように対策を取らなければならなかったのは、古代イスラルに限ったことではなかった。古代オリエントの諸国では、世継ぎがすべて殺されることは頻繁に起こっていた。ヒッタイト王国やウガリット王国は、海の民に滅ぼされた。さらに時代が古いシュメールの都市国家も、東から西から異民族の襲撃に何度も苦しめられた。

アマテラスと高木神は、皇祖神であるが、そのルーツはダビデ家である。伊勢神宮にカゴメ紋が彫られた灯篭があるのは、何ら不思議でない。また、元伊勢の真名井神社にも、現在はないがかつてカゴメ紋が刻まれた石碑があった。これら灯篭や碑は、奉納されたもので、天皇がダビデ家の末裔である証ではないが、天皇家とダビデ家に何かの縁がある表れである。また、伊勢神宮で白馬が飼われているのは、ソロモン王時代の信仰の継続の表れである。

天皇やその他の重要な天孫は、「命《みこと》」と呼ばれ、神政政治の重要な人物であった。古事記神話で天孫やその子孫を「命」を呼ぶのは、古代イスラエルの神政政治を踏襲している証拠ではないかと思われる。「命」が敵によって殺害されればすべてお終いである。神政政治が継続できなくなってしまうからである。

古事記にあるように、天皇が多くの妃を娶り、皇子を多く生んでいるのも、天皇制維持のためであるのは疑いがない。男系天皇制を皇室典範で貫いているのは、かつて古代イスラエルがしたように世襲制を頑なに守っているからだと思われる。その精神は、日本の国歌「君が代」にも表れ、天皇制が永遠に続くことを願っているのである。

5　スサノオ命とアマテラスの対立の根源

■旧約聖書の南ユダと北イスラエルの対立の根源

旧約聖書は、ユダ族を中心とする南ユダ王国と、エフライム族を中心とする北イスラエル王国の対立の根源を記している。南ユダ王国と北イスラエルの対立は、宗教の違いが原因であることは明らかであるが、それ以外に部族の性格や従事する職業の違いについても記されている。それは、古代イスラエルの南北分裂よりかなり前のヤコブの時代に遡る。

創世記49章には、父ヤコブが死ぬ直前に、十二人の息子の性格を判断した箇所がある。

ユダについては、「獅子の子……王笏《おうしゃく》はユダから離れず統治の杖は足の間から離れない」（同49章8～10節）と父ヤコブが言っているとおり、ユダ族は相手を支配する政治能力に秀でていた。彼らは獅子のように勇猛であった。そうした性格が理由であろうか、王権はユダ族からの世襲となる。

ベニヤミンについては、「かみ裂く狼。朝には獲物に食らいつき夕には奪ったものを分け合う」という性格である。ユダ同様、攻撃的な性格が戦士として生かされる。狼は身のこなしが敏《びん》捷《しょう》である。また、彼らはユダ族に忠実であった。日本に忍者といわれる一族がいるが、彼らはベニヤミン族の子孫かもしれない。

レビについては、「シメオンとレビは似た兄弟。彼らの剣は暴力の道具」とヤコブは言った。

レビが祭祀でありながら戦士であるのは、剣術の達人だったからである。ちなみに、この部族の紋章は、胸当《むねあて》である。日本の侍は、レビ族の子孫であるという気がしてならない。

こうして見ると、南ユダ王国は、軍事力が強大で他の部族を支配する能力があった。武器の製造や金属の加工技術は、北イスラエル王国よりはるかに優れていた。ユダの地は大半が荒野であり、農作物の栽培には不向きの土地だったので、羊や牛などの家畜やロバを数多く所有していた。しかし、小麦、オリーブなどの農作物は北イスラエルから調達しなければならなかった。

一方、エフライムは、「ヨセフは実を結ぶ若木。ヤコブの勇者の御手《みて》により…それによって、イスラエルの石となり牧者となった」（同49章22～24節）と言われ、財産を築き、イスラエルの代表となることが予言されている。

ヨセフについては、エジプト人の奴隷になり、その後エジプト王ファラオに認められて、エジプト人二人を娶る。その子が、エフライムとマナセである。

あとの部族の祖については、旧約聖書創世記49章をご参照いただきたい。

エフラム人の多くは農民であった。ガラリア湖からヨルダン川中流のイスラエル北西部にある肥沃《ひよく》な土地で、小麦、オリーブ、葡萄、ナツメヤシ、イチジクなどを栽培していた。そして、南ユダ王国に農作物や果実を供給した。十部族は、自ら栽培した農作物を税として徴収され、神殿や宮殿建設に借り出され、ユダ族を決してよく思っていなかった。

ソロモンの死後は、ユダ族を中心とする南ユダ王国とエフライム族を中心とする北イスラエル王国に分裂した。南ユダは、北イスラエルを征服しようと交戦したのであるが、十部族を屈服させることは出来なかった。

二つの王国は、もともと仲がよくなかったのである。よければ分裂はしないはずである。彼らは、ヤコブを祖とする部族でありながら、出エジプト以降、激しく対立していた。

エフライムは、いつも政治的特権を十二部族で独占するユダをねたみ、ユダは言うことに従わないエフライムを敵視し、攻撃の手を止めなかった（イザヤ書11章13節）。こういう思想と感情の対立は、お互いに解決策が見出せないまま継続し、南ユダと北イスラエルは滅びたのである。

■南ユダと北イスラエルの対立の踏襲

アマテラスのスサノオ命に対する警戒心は、尋常ではなかった。それもそのはず、これまで説明してきたオムリ王朝の歴史がすべてを物語っている。いくらニニギ命を葦原に移住させても、荒ぶる神々が葦原にいる以上油断できない。いつ幼い命が狙われるかも知れないとアマテラス側は思っていたに違いない。

国譲りが終わり、九州の高千穂に天降りしても、出雲に対する警戒網は外さなかった。また、韓国も引き続き警戒した。韓国には早くからスサノオ命の末裔が移住していたからである。アマテラス側は、それも十分知っていた。

アマテラスとスサノオ命の対立は、北イスラエルと南ユダの対立をそのまま踏襲している。

それを熟知していたアマテラスは、大国主神に国譲りを要求した。大国主神は、国譲りを認め、葦原を統治するのは天孫であると明言していた。ところが、スサノオ命の末裔は、天孫が九州で力を蓄えている間に、近畿に進出して三輪王朝を建てたのである。

■出雲は葦原を本気で支配しようとした

旧約聖書においては、オムリ王朝は、北イスラエルでイエフによって滅ぼさされた。そして、南ユダでも、ヨヤダにより滅ぼされた。古事記神話では、それが、オムリ王朝の一部が、アハブ王の時代から出雲に移住して、原住民を討ち、フェニキアの都市国家のような国を建設したと記されている。彼らは、神産巣日神を信奉する根の国から須勢理毘売命を、高天原からは多紀理毘売命を娶った。オリム王朝の復活である。

大年神と大国主神の子孫たちが三輪に王朝を立てたのは、天孫より一足先に葦原の支配権を獲得しようとしたからである。高千穂に対するライバル心がそうさせたのである。高天原では、なんら支配権をもたなくなったオムリ王朝は、王朝存続をかけて、急速に人口を増やして国を大きく強くしていったのである。

6　イザヤ書の「島々」

イザヤ書では、日本と思われる「東の地」「海の島々」「地の果て」という記述が24章14〜16

節に出てくる。イザヤ書24章は、神の世界の審判についてのイザヤの預言である。その内容は、主である神がカナンの地を荒廃させ、その地に住んでいた北イスラエル王国の民や南ユダ王国の民が散らされ、世界が衰えるという預言である。同書の中には、エジプト、フェニキア、アッシリアの裁きも語られている。

旧約聖書に登場する預言者の中でも、イザヤは、父が南ユダ第九代王アマツヤの兄弟といわれ、南ユダ王国の王族の情報には明るかったと考えられている。預言者とは、神の御旨を、権威をもって伝える教師であり、古代イスラエルが北イスラエル王国と南ユダ王国に分裂した後に活躍した（『聖書辞典』　いのちのことば社）。北も南も国王が神ヤハウェから離れていたが、神の言葉は預言者に降りていた。民衆は、しばしば預言者に耳を傾けたのである。イザヤは、南ユダの王ヨアシュの孫にあたる。ヨアシュ王がオシホミミ命であるとすると、イザヤはオシホミミ命の孫になる。これが事実だとすると、イザヤは、天孫降臨を父や祖父から聞いて知っていたとしても不思議でない。

東の地である海の島々の民は、世界が廃れていく中、喜ぶのである。

「彼らは声をあげ、主の威光を喜び歌い、海から叫び声をあげる。それゆえ、あなたたちは東の地でも主を尊び、海の島々でも、イスラエルの神、主の御名を尊べ。地の果てから、歌声が聞こえる。『主に従う人に誉れあれ』と」（イザヤ書24章14〜15節）

これらの地にいる民が、イスラエルの神、主の御名を尊ぶという。この民は、葦原に移住した天孫とその子孫たちのことではなかろうか。

古代イスラエルがあったカナンの地から西は、クレタ島やキプロス島など島々はあるが、アカバ湾からマラッカ海峡までの海は、人が国を建てることができる島々と呼べるだけの島があまりなかった。強いていえば、セイロン島ぐらいである。しかし、そのさらに東には、インドネシア、フィリピン、西南諸島、日本列島などいくらでもあった。

日本は、インドからそう遠くはない。前にも述べたように、マラッカ海峡を抜けて、島伝いに海流に乗って日本に到達することは難しくない。天孫は、インドのコーチンを経由して北イスラエルの崩壊前に日本へ移住したと考えられる。スサノオ命も、オムリ王朝であるから、竜骨船の船団を組んで北イスラエルから脱出し、出雲まで行くことができたに違いない。

川守田氏は、「海の島々」も「東の地」も、古代イスラエルの宗教と類似点の多い日本を指すことを真っ先に挙げた。「東の地」が「主の威光を喜び歌い海から叫び声をあげる」民の領土であり、その声が「地の果て」からだとすれば、イザヤは日本にエルサレムの地から散った民がいることを知っていたと考えられる。

さらに、イザヤ書23章6～7節には、「渡って行け、タルシシに。泣き叫べ、海辺の住人たちよ。これがお前たちの陽気だった海辺の町か。町の初めは、遠い昔にさかのぼり、足である船は、移住の地を求めて遠くへ市民を運んだ」と記されている。この章は、フェニキアの都市国家ティルスが裁かれるという預言である。

フェニキアは、紀元前八一四年までにはカルタゴを建国していた。タルシシ船は、ダビデ時代に地中海、アフリカ、インドまで金を求めて航行した貿易船であったが、ティルスが崩壊する頃は、移民を運ぶ船となっていたのが分かる。

7　ニニギ命を葦原に送ったアマテラスの愛

アマテラスとスサノオ命の対立は、ユダ族とエフライム族の対立そのものであった。アマテラスは、それを知っていたからこそ、天孫降臨の地をエルサレムから遠く離れた島々を選び、スサノオ命の神産巣日神の信仰を滅ぼさないことで、皇祖神の永遠の存続を願ったのであった。

ニニギ命の祖母であったアマテラスは、可愛いニニギ命を救いたかった。子供を救う女性の本能である。アマテラスは「高天原はいつか滅びる。幼児のニニギ命が王族だからという理由で殺されるのは忍びない。どこか安全なところでどうか生き延びてほしい。ニニギ命の国は永遠に続いてほしい」と切に思ったはずである。それが実現したのである。

日本の国歌「君が代」には、天皇制が永遠に続くことが歌われている。それは、アマテラスの心の表れであるのではなかろうか。

アマテラスと高木神の企画した天孫降臨は、間違いでなかった。イスラエル王国が、その約百年後、アッシリアに支配され滅亡した。また、その約百四十年余り経った後に、南ユダ王国も滅亡したのである。南ユダ王国の民のほとんどは捕囚《ほしゅう》となり、バビロニアに強制連行された。その後、エルサレムの神殿は破壊され、古代イスラエルはこのとき一度崩壊する。

ところが、バビロニアがペルシャ帝国に征服されると、ユダヤ人はエルサレムへの帰還が許される。そして、紀元前五一五年には、第一神殿を再建すべく第二神殿の建設を開始する。しかし、ユダヤ人達による独立国家の設立は、ハスモン王朝（紀元前一四七年頃〜紀元前三七年）の短期間を除いては叶わず、紀元一三五年にローマに滅ぼされ、欧州を中心に離散。それから千八百年以上経った一九四八年五月十四日まで国を持つことはなかった。

アマテラスが救ったオシホミミ命の息子ニニギ命が、天孫として日本に降臨し、天皇家が存続しているのは、イスラエルにとって大きな希望になるのではないか。イスラエルは、現在も天皇家と古代イスラエルの王族の関係を日本以上に真剣に調査している。いまだ解明されていない古代イスラエルの歴史が日本にあると強く感じているからである。

現在のイスラエルの国歌名は、「ハティクバ（希望）」である。イスラエルの民には、希望が必要だった。いつか国を持つことができると願い続けた。それが実現した。多くのイスラエル人と世界中にいるユダヤ人は、世界中に散らばった古代イスラエルの末裔が、イスラエルの神を尊ぶ日が来ると信じている。彼らは日本の神道を調べ、「希望」を見つけ出した。日本がその末裔が移住した国の一つだったからである。

古事記神話には、ヨアシュの子ニニギ命が、高千穂に天孫降臨をしたことが記されている。天孫は、そこから、ずっと天皇として存在している。

日本人にとって、旧約聖書に綴られた古代イスラエルの歴史を知って、古事記神話の謎を解くことの意義は、アマテラスという高天原の王女の愛が、日本という皇国国家（皇紀二七〇〇年）の起源であるということを知ることにある。

武器や軍人の力ではなく、さまざまな古代イスラエルの民が、アマテラスの愛のもと、心を一つにして一人の幼子を何とか救おうとし、平和な国を建国しようと協力した、そのことを知ることなのである。

<著者紹介>

矢原　広喜（やはら　ひろき）

1965年、愛媛県生まれ。

1988年、米国で洗礼を受け、聖書を読み始める。

1998年、日ユ同祖論に触れ、研究を開始。

2006年より、古事記神話は史実性があり、倭民族のルーツは古代イスラエル及び古代オリエント諸国にあるとの結論に達し、資料を収集、本書出版に到る。

古事記神話は偽書でなく真書だった

2018年７月18日　初版第１刷発行

著　者　矢原 広喜
発行者　韮澤 潤一郎
発行所　株式会社 たま出版
〒160-0004 東京都新宿区四谷4－28－20
☎ 03-5369-3051（代表）
FAX 03-5369-3052
http://tamabook.com
振替　00130-5-94804

組　版　一企画
印刷所　神谷印刷株式会社

ISBN978-4-8127-0419-6　C0020